I0014051

Salma Trabelsi

Interface graphique pour le firewall Netfilter/Iptables sous linux

Salma Trabelsi

Interface graphique pour le firewall Netfilter/Iptables sous linux

Éditions universitaires européennes

Impressum / Mentions légales
Bibliografische Information der Deutschen Nationalbibliothek: Die Deutsche Nationalbibliothek verzeichnet diese Publikation in der Deutschen Nationalbibliografie; detaillierte bibliografische Daten sind im Internet über http://dnb.d-nb.de abrufbar.

Information bibliographique publiée par la Deutsche Nationalbibliothek: La Deutsche Nationalbibliothek inscrit cette publication à la Deutsche Nationalbibliografie; des données bibliographiques détaillées sont disponibles sur internet à l'adresse http://dnb.d-nb.de.

Coverbild / Photo de couverture: www.ingimage.com

Verlag / Editeur:
Éditions universitaires européennes
ist ein Imprint der / est une marque déposée de
OmniScriptum GmbH & Co. KG
Heinrich-Böcking-Str. 6-8, 66121 Saarbrücken, Deutschland / Allemagne
Email: info@editions-ue.com

Herstellung: siehe letzte Seite /
Impression: voir la dernière page
ISBN: 978-3-8417-9461-1

Sommaire

Liste des figures

INTRODUCTION GENERALE

Au cours de ces vingt dernières années, le développement rapide des technologies de l'information a entraîné une dépendance plus grande des organismes envers leur système d'information, en effet, la continuité de l'activité de l'entreprise appelle celle de son système d'information.

Cette continuité ne peut être assurée que par la mise en place de moyens de protection apportant un niveau de sécurité adapté aux en jeux spécifiques de l'entreprise. Ces derniers peuvent varier d'une entreprise à une autre, mais la mise en place de la protection des systèmes d'information répond à des critères communs.

Considérée comme l'une des composantes fondamentales du système d'information, la composante réseau présente, outre sa fonctionnalité d'interconnexion et partage de ressources, le moyen principal d'acheminement des informations nécessaires au bon fonctionnement de l'entreprise. De ce fait, comme toute composante critique, le réseau doit faire l'objet d'une politique de sécurité tenant compte de tous les besoins d'accès au réseau d'entreprise (accès distant, connexion interne, etc....).

Le thème de notre projet est donc la sécurité réseau.
On va parler dans un premier chapitre de l'ensemble de risques et de menaces auxquels un système informatique peut être exposé.
Dans un second chapitre, on parlera de deux techniques utilisées pour la protection d'un réseau : les systèmes de détection d'intrusions (IDS) et le firewall qui constitue l'objectif principal de notre projet.
Dans un troisième chapitre, on présentera un aperçu sur l'ensemble des protocoles réseaux.
Ensuite on parlera du firewall Netfilter sous le noyau linux avec ses caractéristiques et ses fonctionnalités au niveau du quatrième chapitre.
Enfin, dans le dernier chapitre, on présentera la solution proposée qui est l'application réalisée comme étant un objectif de ce projet de fin d'étude. Cette application consiste en la conception et le développement d'une version conviviale du firewall Netfilter/ Iptables. Nous avons développé deux versions pour notre application : une version locale et une version à distance

Mais, tout d'abord, nous allons aborder la présentation de l'entreprise SNDP-AGIL qui nous a accueillis et proposé ce sujet.

Présentation générale de la société

La Société Nationale de Distribution des Pétroles (SNDP) née le 11 Mai 1977 société anonyme du droit Tunisien était en 1960 dénommé AGIP (SA) TUNIS.
En effet, C'est en 1975 que le gouvernement Tunisien est devenu totalement propriétaire des actions de la société.

La société nationale de distribution des pétroles, SNDP, plus connu sous le nom de AGIL, est une entreprise publique spécialisé dans la distribution des hydrocarbures sous toutes leurs formes 'essence normal, super sans plomb, gasoil, fuel, kérosène, GPI, etc..), des lubrifiants et des produits dérivés.

L'activité de cette société a pris un essor important et connaît un véritable ascendant pour la distribution des hydrocarbures liquides et gazeux et des services se rapportant à son activité et la commercialisation de ses produits sous le signe et le nom commercial « AGIL ».
- chiffre d'affaire (en 2000) est de 525.131 mille dinars.

1. Les activités de la SNDP

Les activités principales de la SNDP/AGIL sont le stockage et la distribution des hydrocarbures liquides et gazeux et également leurs dérivés.
- Jet A1 : représente l'hydrocarbure liquide pour les transports Aériens sous la marque « AGILAIR » ;
- Lubrifiants : représentant les huiles.
- Carburant : représentant les hydrocarbures liquides
- Gaz : représentant le gaz des pétroles liquéfiés
- Les activités Jet et lubrifiants ont été certifiés selon le référentiel ISO 9002.

2. Les stratégies adoptées

La SNDP a élaboré au cours des dernières années une vaste stratégie visant à renforcer la présence commerciale de l'entreprise.

Cette stratégie s'articule autour de quatre axes principaux : le client, les ressources humaines, l'actionnaire et l'environnement.

La stratégie de la SNDP s'oriente totalement vers le client et porte également sur la promotion de l'image de marque de l'entreprise, à travers une série d'action de marketing.

La stratégie future porte aussi sur l'amélioration de son système d'information, du savoir faire et de la compétence de son personnel ainsi que sur la consolidation de son ouverture sur les milieux universitaire et de la recherche.

Parallèlement, la SNDP qui fait de la protection de l'environnement une de ses priorités et dont le nombre de stations service commercialisant l'essence super sans plomb a doublé ces dernières années, a mis aussi en place un système de management environnemental pour obtenir la certification de conformité p la norme ISO 140000.

La SNDP occupe la première place sur le marché Tunisien de la distribution des pétroles. Elle occupe une telle place d'une part grâce à son caractère de société publique et d'autre part grâce à l'expérience acquise dans le domaine.

En effet, la SNDP n'a pas de difficultés commerciales pour l'écoulement de ses produits. Cet avantage s'explique par la politique du pays en matière de distribution des produits pétroliers. Cette politique fait bénéficier AGIL d'un monopole de distribution de tout le parc de l'administration.

3. Le réseau du siège

Le réseau LAN du siège de la S.N.D.P. représente « la neurone centrale » du système d'information de la S.N.D.P. puisqu'il renferme les serveurs bases de données, les serveurs de la GMAO (Gestion de la Maintenance Assisté par Ordinateur) etc.....

Le schéma suivant donne un aperçu sur la structuration du réseau LAN de la S.N.D.P

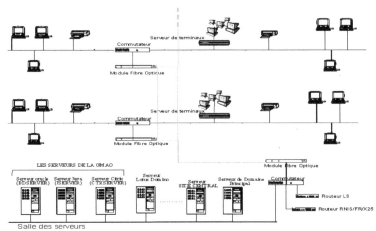

Figure1 : Réseau local du siège de la S.N.D.P

4. L'accès internet

Pour sécuriser son réseau vis à vis d'Internet la S.N.D.P.; emploie actuellement une solution de sécurité basée sur des machines Linux OpenSUSE 11.2 exploitant ainsi les richesses de ce système en matière de sécurité des réseaux (ex : Squid comme Proxy, Snort comme IDS, un Shell script contenant les règles du FireWall...) ; Cette solution se présente schématiquement comme suit :

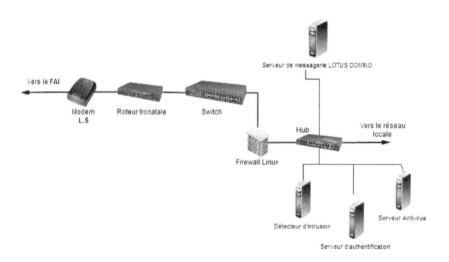

Figure 2 : Solution de sécurité Internet employée actuellement par la S. N.D.P

Chapitre1 : Les risques et Les menaces dans l'utilisation d'un réseau

L'internet étant une collection mondiale de réseaux interconnectés, il représente un moyen facile d'accès à l'information. En tant que système ouvert, il est accessible par plusieurs individus. Les utilisateurs profitent de la liberté qu'il offre, étant donné qu'il n'existe pas de règles centrales et que nul n'en est le propriétaire.

Malheureusement, avec son évolution technologique continue, on a assisté à des crimes cyber fréquents comme le piratage informatique, les attaques de virus et autres. Ainsi, les nombreux problèmes de sécurité sont devenus les principaux obstacles pour conquérir la confiance entière du public et la participation sur Internet, cependant avant de s'y connecter, il est bon d'être averti des risques encourus et des moyens existants pour y remédier. Tous cela s'inscrit dans le cadre de ce chapitre au cours duquel on énumérera les différents types d'attaques réseau.

1.   Les types d'attaques

On peut distinguer trois types d'attaques qu'on peut baptiser : directe, différée et indirecte.

L'attaque directe, consiste à attaquer de façon directe le poste connecté à Internet. Chaque utilisateur d'Internet dispose d'une adresse IP unique ; celle-ci est fournie automatiquement par le fournisseur d'accès. Certains programmes permettent de connaître cette information. Il est alors possible, avec cette adresse IP, d'accéder à diverses informations et d'attaquer la station connectée.

L'attaque différée quant à elle, est plus connue au travers de la notion de virus. Ce type d'attaque s'effectue en mode connecté ou déconnecté. Le principe de base consiste à placer un programme exécutable sur le poste de l'utilisateur : cette application peut alors réaliser des actions plus ou moins dangereuses.

L'attaque indirecte, enfin, combine les deux catégories précédentes.

1.1 L'attaque directe

Les attaques directes imposent généralement de connaître l'adresse IP de la station qui sera victime de l'attaque. Ce type d'attaque passe donc par la connexion directe à Internet. Lorsqu'on exécute certains programmes, certaines personnes peuvent découvrir l'adresse IP. Dès lors, diverses actions spécifiques peuvent être réalisées sur la machine. Le fait de connaître une adresse IP permet en effet d'accéder à un certain nombre de ports, qui correspondent chacun à une porte d'entrée.

Chaque port remplit généralement une fonction précise. Le port 80, par exemple, est utilisé pour la demande de page HTML. L'attaque la plus simple et la moins dangereuse consiste à faire «planter» la pile IP de la machine ciblée. Dans ce cas (connu sous le non de Winnuke), l'utilisateur se trouve souvent avec un écran bleu sous Windows, signe de plantage de la machine.

1.2 L'attaque différée

Les attaques différées sont celles qui peuvent se produire à l'aide de programmes qui ont été téléchargés. Elles peuvent survenir même lorsqu'on est déconnecté d'Internet. Dans cette catégorie, on trouve plus particulièrement les virus et les chevaux de Troie.

Les virus sont de plus en plus fréquents, comme constater dans l'actualité de ces derniers mois (Melissa, Tchernobyl, etc....). Ils peuvent se cacher dans toute forme de fichier voué à être exécuté dans l'environnement d'un ordinateur. Cela signifie que tout exécutable ou document pouvant exécuter des instructions, peut contenir un virus.

Ainsi les fichiers avec les extensions «.EXE» ou «.COM» sont bien sûr les supports privilégies des virus. Mais il ne faut pas oublier les fichiers comme les documents Word ou Excel : ils peuvent en effet contenir des macro-commandes, donc des virus. En revanche, un fichier purement texte ne peut pas contenir de virus. Pour se protéger des virus, il faut disposer d'un logiciel antivirus toujours actif sur sa machine, mais il faut aussi et surtout qu'il soit mis à jour régulièrement.

L'autre type d'attaque différée (que l'on assimile à tort à un virus) est le cheval de Troie. De tels programmes s'introduisent dans la machine de l'utilisateur, le plus souvent sous le couvert d'utilitaires. Leur but est de permettre le chargement d'autres programmes, destinés à espionner des données ou à les détruire.

La meilleure protection consiste à ne pas installer n'importe quoi sur la machine. Mais d'un autre coté, cela peut priver de nombreux logiciels et outils, notamment les freewares et sharewares. Lors de l'utilisation de ces programmes, il faut surveiller le comportement de la machine afin de s'assurer qu'ils n'entraînent aucun dysfonctionnement.

1.3 L'attaque indirecte

L'attaque indirecte est une association des deux techniques d'attaques directe et différée. La première phase de l'opération consiste à transmettre un cheval de Troie. Une fois installé dans la machine ciblée, celui-ci attends une connexion Internet (quelquefois, il peut aussi déclencher lui-même la connexion vers le réseau mondial). Il peut alors transférer un programme ou des informations depuis l'ordinatrice victime vers des sites précis sur Internet.

Certains chevaux de Troie ouvrent des ports IP et transmettent l'adresse IP du poste : celui-ci peut ainsi être victime d'une attaque, d'un espionnage ou d'un véritable pillage .Parmi les attaques de ces types le plus connues, on peut citer Back Orifice ou encore l'utilisation détournée de certains outils comme Net bus.

Le téléchargement des programmes de type cheval de Troie peut se faire soit par une opération de transfert classique d'un fichier dont l'origine n'est pas certifiée, soit à l'insu de l'utilisateur, par l'intermédiaire de la messagerie ou encore par le biais d'applications qui utilisent les navigateurs Internet. Il convient donc d'être vigilant avant d'ouvrir un fichier attaché de source inconnue.

2.   Quelques attaques courantes

Les attaques au niveau d'un réseau informatiques sont abondantes. Dans ce qui suit, on se contentera de citer quelques uns.

2.1 Le déni de service

Les attaques par Denial of service [2] (souvent abrégé Dos, en français Déni de service) consistent à paralyser temporairement (rendre inactif pendant un temps donné) des serveurs afin qu'ils ne puissent être utilisés et consultés. Elles sont un fléau touchant tous serveurs (Lan, Wan...) mais aussi tous particuliers reliés à l'Internet via les protocoles de la suite TCP/IP. Le but d'une telle attaque n'est pas de récupérer ou d'altérer des données, mais de nuire à des sociétés dont l'activité repose sur un système d'information en l'empêchant de fonctionner.

D'un point de vue technique, ces attaques ne sont pas très compliquées, mais ne sont pas moins efficaces contre tout type de machine possédant un système Windows 9* / NT, Unix / linux, solaris et bien d'autres... En effet, les attaques par déni de service n'exploitent non pas les failles d'un système d'exploitation particulier, mais celle de l'architecture TCP/IP [3].

Les attaques par déni de service consistent en un envoi de paquets IP de taille excessivement importante, ce qui a pour cause la saturation de la machine victime, qui ne peut plus assurer les services réseaux qu'elle propose (d'où le terme déni de service).

Voici deux techniques de déni de service :

◆ *Le "smurf" :*

La technique du "smurf" [4] est basée sur l'utilisation de serveurs broadcast pour paralyser un réseau. Un serveur broadcast est un serveur capable de dupliquer un message et de l'envoyer à toutes les machines présentes sur le même réseau que lui. Le scénario d'une attaque est le suivant:

- La machine attaquante envoie un ping à un (ou plusieurs) serveurs broadcast en falsifiant son propre adresse IP (l'adresse à laquelle le serveur devrait théoriquement répondre par un pong) et en fournissant l'adresse IP de la machine cible.
- Lorsque le serveur broadcast va dispatcher le ping sur tout le réseau, toutes les machines du réseau vont répondre par un pong, que le serveur broadcast va rediriger vers la

machine cible. Ainsi lorsque la machine attaquante adresse le ping à plusieurs serveurs broadcast situés sur des réseaux différents, l'ensemble des réponses de tous les ordinateurs des différents réseaux vont être reroutées sur la machine cible.

De cette façon, l'essentiel du travail de l'attaquant consiste à trouver une liste de tous les serveurs broadcast et d'arriver à falsifier l'adresse de réponse afin de les diriger vers la machine cible.

♦ *Le Spoofing IP :*

Le spoofing IP [5] est une technique permettant à un hacker d'envoyer à une machine des paquets semblant provenir d'une adresse IP autre que celle de la machine du hacker. Le spoofing IP n'est pas pour autant un changement d'adresse IP. Plus exactement il s'agit d'une mascarade (il s'agit du terme technique) de l'adresse IP au niveau des paquets émis, c'est-à-dire que les paquets envoyés sont modifiés afin qu'ils semblent parvenir d'une machine.

Certains tendent à assimiler l'utilisation d'un Proxy (permettant de masquer d'une certaine façon l'adresse IP) avec du spoofing IP. Toutefois, le Proxy ne fait que relayer les paquets. Ainsi, même si l'adresse est apparemment masquée, un pirate peut facilement être retrouvé grâce au fichier journal (logs) du proxy.

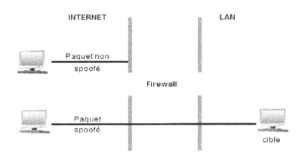

Figure 3 : La technique de spoofing

Comme l'indique le schéma ci-dessus, la technique du spoofing (difficile à mettre en œuvre) peut permettre à un pirate de faire passer des paquets sur un réseau sans que ceux-ci ne soient interceptés par le système de filtrage de paquets.

En effet, un firewall fonctionne grâce à des règles de filtrage indiquant les adresses IP autorisées à communiquer avec les machines internes. Ainsi, un paquet spoofé avec l'adresse IP d'une machine interne semblera provenir du réseau interne et sera transmis à la machine cible, tandis qu'un paquet contenant une adresse IP externe sera automatiquement rejeté par le firewall.

2.2 Les chevaux de Troie ou trojans

On appelle "Cheval de Troie" un programme informatique effectuant des opérations malicieuses à l'insu de l'utilisateur. Un cheval de Troie est donc un programme caché dans un autre qui exécute des commandes sournoises, et qui généralement donne un accès à la machine sur laquelle il est exécuté. Un peu comme le virus, le cheval de Troie est un programme nuisible placé dans un programme sain (imaginez une fausse commande de listage des fichiers, qui détruit les fichiers au lieu d'en afficher la liste).

Un cheval de Troie peut par exemple :

- voler des mots de passe.
- copier des données sensibles.
- exécuter toute autre action nuisible.

Pire, un tel programme peut créer, de l'intérieur de votre réseau, une brèche volontaire dans la sécurité pour autoriser des accès à des parties protégées du réseau à des personnes se connectant de l'extérieur. Les principaux chevaux de Troie sont des programmes ouvrant des ports de la machine, c'est-à-dire permettant à son concepteur de s'introduire sur votre machine par le réseau en ouvrant une porte dérobée. C'est la raison pour laquelle on parle généralement de backdoor (littéralement porte de derrière).

CONCLUSION

Le piratage informatique est un vaste domaine qui regroupe plusieurs types de malveillance très distincts tel que le piratage des logiciels, les virus informatiques, les intrusions, le vol et la destruction de données.

Donc l'entreprise doit appliquer une politique qui assure la sécurité de ces données contre les différents types d'attaques externes aussi bien que les malveillances internes.

On a présenté le long de ce chapitre les différents types d'attaques et malveillances informatiques auxquelles le réseau de l'entreprise pourrait y être exposé, et on énumérera dans le prochain chapitre les outils qui peuvent être mis en œuvre afin d'assurer la sécurité informatique.

Chapitre2 : Les techniques de sécurité d'un réseau informatique

Chaque ordinateur connecté à internet (et d'une manière plus générale à n'importe quel réseau informatique) est susceptible d'être victime d'une attaque d'un pirate informatique. La méthodologie généralement employée par le pirate informatique consiste à scruter le réseau (en envoyant des paquets de données de manière aléatoire) à la recherche d'une machine connectée, puis à chercher une faille de sécurité afin de l'exploiter et d'accéder aux données s'y trouvant.

Cette menace est d'autant plus grande que la machine est connectée en permanence à internet pour plusieurs raisons :

- La machine cible est susceptible d'être connectée sans pour autant être surveillée.
- La machine cible est généralement connectée avec une plus large bande passante.
- La machine cible ne change pas (ou peu) d'adresse IP.

Ainsi, il est nécessaire, autant pour les réseaux d'entreprises que pour les internautes possédant une connexion de type câble ou ADSL, de se protéger des intrusions réseaux en installant un dispositif de protection.

Dans ce chapitre, on énumérera deux techniques de sécurité : les systèmes de détection d'intrusions et le firewall.

1. Les systèmes de détection d'intrusions (IDS)

L'étude des intrusions dans des systèmes s'est beaucoup développée vers les années 80.

James P.Anderson a notamment mis l'accent sur l'importance et la nécessité d'automatisation des analyses et des réponses et Dorothy Denning fut dans les premières en 1987 à énoncer les méthodes et les procédés utilisés actuellement pour la détection des intrusions dans les systèmes d'information. Depuis, aucune méthode révolutionnaire n'est apparue, et à ce jour de nombreux produit commerciaux mettent en œuvre les concepts énoncés dans la fin des années 80.

1.1 Définition et concept

La détection d'intrusion est définie comme étant l'ensemble des pratiques et des mécanismes utilisés qui permettent de détecter des erreurs pouvant conduire à des violations de la politique de sécurité. La notion d'intrusion est à considérer au sens large et comprend les notions d'anomalie et d'usage abusif des ressources.

On appelle IDS [6] (Intrusion Detection System) un mécanisme écoutant le trafic réseau de manière furtive afin de repérer des activités anormales ou suspectes et permettant ainsi d'avoir une action de prévention sur les risques d'intrusion.

Il existe deux grandes familles distinctes d'IDS:

- Les N-IDS (Network Based Intrusion Detection System), ils assurent la sécurité au niveau du réseau.
- Les H-IDS (Host Based Intrusion Detection System), ils assurent la sécurité au niveau des hôtes.

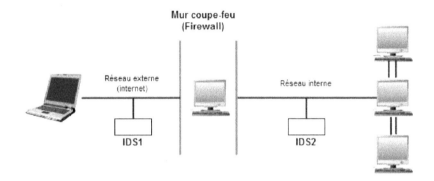

Figure 4 : la disposition d'IDS dans un réseau

Un N-IDS nécessite un matériel dédié et constitue un système capable de contrôler les paquets circulant sur un ou plusieurs lien(s) réseau dans le but de découvrir si un acte malveillant ou anormal a lieu. Le N-IDS place une ou plusieurs cartes d'interface réseau du système dédié en mode promiscuité (promiscuous mode), elles sont alors en mode « furtif » afin qu'elles n'aient pas d'adresse IP. Elles n'ont pas non plus de pile de protocole attachée. Il est fréquent de trouver plusieurs IDS sur les différentes parties du réseau et en particulier de placer une sonde à l'extérieur du réseau afin d'étudier les tentatives d'attaques ainsi qu'une sonde en interne pour analyser les requêtes ayant traversé le pare-feu ou bien menée depuis l'intérieur.

Le H-IDS réside sur un hôte particulier et la gamme de ces logiciels couvre donc une grande partie des systèmes d'exploitation tels que Windows, Solaris, Linux, HP-UX, Aix, etc…
Le H-IDS se comporte comme un démon ou un service standard sur un système hôte. Traditionnellement, le H-IDS analyse des informations particulières dans les journaux de logs (syslogs, messages, lastlog, wtmp…) et aussi capture les paquets réseaux entrant/sortant de l'hôte pour y déceler des signaux d'intrusions (Déni de Services, Backdoors, chevaux de Troie, tentatives d'accès non autorisés, exécution de codes malicieux, attaques par débordement de buffers…).

1.2 Fonctions et mode opératoire

Un système de détection d'intrusion (IDS, Intrusion Detection System) se compose de trois blocs fonctionnels essentiels [7] :
- La collecte des informations.
- L'analyse des informations récupérées.
- La détection des intrusions et les réponses à donner à la suite d'une intrusion décelée.

a. Collecte des informations

La collecte des informations et des événements sur un système d'information à une date précise est la fonction principale d'un système de détection d'intrusions. Cette collecte est réalisée à deux niveaux : au niveau de la machine hôte ou/et au niveau du réseau du système d'information.

Les informations obtenues au niveau de la machine hôte le sont généralement par le biais de son système d'exploitation (OS, Operating System). L'audit au niveau de la machine hôte permet d'observer directement le comportement d'un système les évènements qui surviennent. Il peut être efficace même si les applications sont chiffrées.

La majorité des systèmes de détection d'intrusion réalise la collecte des informations au niveau du réseau. L'audit des données au niveau du réseau permet de détecter certaines attaques qui ne sont pas visibles par les systèmes de détection installés sur les machines hôtes.

La collecte des informations au niveau du réseau ne pose pas de problème particulier de performance dans la mesure où le système de détection lit simplement les données au moment où elles lui parviennent de manière indépendante des autres systèmes connectés au réseau, ce qui n'affecte pas leurs performances. Le système de collecte des informations au niveau réseau est transparent à l'utilisateur interne du réseau, totalement invisible depuis l'extérieur, et il ne constitue pas une cible attractive pour des attaquants potentiels.

b. Méthodes d'analyse :

Deux catégories de méthode d'analyse sont distinguées : celles basées sur les signatures et celles basées sur les profils.

- Méthodes basées sur les signatures :

Les méthodes d'analyse des événements collectés basées sur des signatures d'intrusion consistent à les comparer à des scénarios d'attaques déjà connus. L'analyseur parcourt les données et les transforme en une suite d'actions selon modèle particulier. Une fois la transformation accomplie, une étape de comparaison est alors effectuée pour identifier les événements connus par l'analyseur. Cette méthode est rapide, facile à implanter et de nombreux systèmes de détection d'intrusions l'utilisent. Le nombre de fausses alarmes est relativement faible voire inexistant. Son défaut majeur réside dans la nécessité de mettre à jour sa base de signatures régulièrement afin de faire face aux nouvelles attaques, dont la signature n'a pas été précédemment enregistrée dans le système de détection d'intrusion.

- Méthodes basées sur les profils :

Les méthodes de détection d'intrusion sont basées sur la comparaison des événements collectés par rapport à des profils de comportements normaux associés à des utilisateurs ou à des applications. Comme dans la méthode précédente, les événements enregistrés sont convertis en une série d'actions particulières et comparés à des profils prédéfinis. En se basant sur une méthode statistique et sur les profils identifiés comme normaux (c'est-à-dire autorisés), le système de détection évalue chaque comportement et parvient à distinguer les actions ou les traitements étranges qui se distinguent des profils enregistrés.

c. Réponses aux intrusions détectées :

Les réponses des systèmes de détection d'intrusions peuvent être classées selon deux types non exclusifs de réponses : les réponses actives ou passives.
Les réponses actives impliquent une action à entreprendre par le système suite à une détection d'intrusion. Ces actions se regroupent en trois catégories :
- Entreprendre une action agressive contre l'intrus : ceci vise à le traquer, à contre-attaquer en localisant et en endommageant son environnement informatique afin de cesser l'attaque. Quoiqu'illégale cette mesure peut être en dernier recours lise en œuvre.
- Restructurer l'architecture du réseau, isoler le système attaqué, modifier les paramètres d'environnement qui ont permis à l'intrusion d'avoir lieu. C'est probablement la réponse la plus répandue actuellement et la plus efficace pour stopper la propagation d'une attaque et en limiter les impacts.
- Surveiller le système attaqué, collecter des informations additionnelles pour tenter de comprendre l'origine, la finalité de l'intrusion, identifier l'auteur de la malveillance, la démarche utilisée et les failles de mesures de sécurité en place.

Les réponses passives sont celles qui présentent toutes les informations récoltées et qui en conduit à la détection d'intrusion, à l'utilisateur. Il s'agit généralement de l'administrateur ou du responsable de la sécurité du système qui entreprend ensuite des mesures qui les sembles pertinentes. Aux débuts des systèmes de détection d'intrusions, toutes les réponses étaient passives. De nos jours, la plupart des IDS intègrent des fonctions automatiques de réponse active ou encore une réponse active assistée par l'utilisateur. Certains toutefois ne fonctionnent qu'en mode passif par le biais de génération d'alarmes (fenêtres d'attention, alarme sonore, etc.) et de notification à l'administrateur par l'envoi d'un message électronique ou d'un SMS.
Les IDS peuvent être perçus comme étant à la fois un firewall et un système de détection d'intrusion. Néanmoins, leur efficacité n'est pas démontrée dans la mesure où le nombre de faux positifs est considérable et que leur mode opératoire, basé sur le blocage des communications ou des accès, les rendent peu performants. Il est à regretter que le plus souvent la prévention d'intrusions soit avancée comme argument commercial de peu de réalité.

1.3 Exemples de systèmes de détection d'intrusions

Billy Goat est un système de détection d'intrusions élaboré par le laboratoire de recherche d'IBM basé à Zurich qui possède un système de collecte d'informations au niveau réseau. La particularité et l'originalité de ce système est qu'il écoute seulement le trafic destiné à des adresses non utilisées du réseau interne de l'organisation. En effet, toute requête envoyée à une adresse non utilisée peut être soit une erreur, soit peut être issue d'un programme malveillant tentant de réaliser une attaque. La machine Billy Goat répond alors à ces requêtes (requêtes http, netbios, MS/SQL, MS/RPC, etc.) et enregistre des données qui permettent d'identifier leur comportement et origine.

Par exemple, pour une requête http de type GET, Billy Goat répond par un simple message notifiant l'inexistence de la page demandée. Cette solution ne génère aucun faux positif et est facile à déployer et à maintenir. Elle est inviolable par les programmes malicieux automatiques tels que les vers et par les attaques réseaux de grandes envergures. Billy Goat peut être vu comme une pile de serveurs : un serveur HTTP pour le serveur web, un serveur de partage SMB (Server Message Block), un serveur de base de données MS/SQL, un serveur de procédures distantes MS/RPC, etc. par le biais de cette simulation de serveurs, Billy Goat peut détecter d'une manière précise plusieurs activités suspectes.

1.4 Limite des systèmes de détection d'intrusions

Les systèmes de détection d'intrusions sont comme tous les autres systèmes informatiques, la cible d'attaques qui exploitent leurs vulnérabilités.
Outre les attaques tirant parti des possibilités de faux positifs induits par les défaillances des méthodes d'analyse, les dénis de service sont les principales attaques contre les systèmes de détection d'intrusions.

Les points faibles des systèmes de détection d'intrusions sont notamment relevés dans les architectures de réseau intégrant des commutateurs, supportant des données chiffrées, et dans le cas de trafics élevés. Ceci restreint donc le champ d'application des IDS de niveau réseau et en limite d'usage à des configurations de réseau particulières.
Donc le fait de disposer d'un IDS ne garantit pas une protection absolue et totalement efficace contre les attaques, puisque celles non reconnues, ne sont pas identifiées par le système, ce qui ne certifie pas qu'elles n'existent pas. De manière identique, un antivirus ne détecte que les virus qu'il connaît.

2. Le firewall

Comme le nom Firewall le suggère, un des principaux objectifs d'un garde-barrière est de limiter les dégâts en cas de désastre, comme c'est le cas quand il y a un feu dans une voiture ou un bâtiment. Dans le contexte d'Internet, les gardes-barrières ont un but similaire : Maîtriser les dégâts et protéger un réseau en cas d'intrusion venant d'Internet. Et, d'une manière plus générale, ils sont utilisés pour régler la circulation des flux entre deux réseaux.

Un firewall (pare-feu en français) est un système qui permet de protéger un réseau local d'intrusions de personnes en provenance d'Internet et d'empêcher les personnes internes au réseau d'accéder à certains services extérieurs.

Le firewall constitue donc la première protection du réseau face aux attaques possibles venant de l'Internet. Il ouvre ou ferme les ports réseaux spécifiques afin de règlementer les flux.

Il fait aussi du NAT (Network Address Translation), de la redirection d'adresse. C'est ce qui permet aux machines du réseau local d'accéder à l'Internet et de rediriger certains ports de façon transparente du point de vue de l'Internet vers celles-ci.

2.1 Principe

Le pare-feu (appelé également coupe feu, garde barrière ou firewall) est un système (matériel ou logiciel) qui sert d'interface entre un ou plusieurs réseaux. Il agit comme une barrière qui :

- contrôle le passage des flux d'information entre le réseau interne de l'entreprise et un réseau public (Internet ou autre).
- bloque éventuellement certaines données et neutralise les tentatives de pénétration en provenance du réseau public.

Il s'agit donc d'une machine (machine spécifique dans le cas d'un firewall matériel ou d'un ordinateur sécurisé hébergeant une application particulière de pare-feu) comportant au minimum deux interfaces réseau : une interface pour le réseau à protéger, et une autre pour le réseau externe.

Les deux principes de bases pouvant s'appliquer sont :
- Le "pare-feu" laisse passer tous les paquets IP, sauf ceux qui correspondent à des critères de rejets explicites.
- Le "pare-feu" rejette tous les paquets IP, sauf ceux qui correspondent à des critères de d'autorisation explicites.

Les firewalls sont basés sur des règles statiques afin de contrôler l'accès des flux. Ils travaillent en général au niveau des couches basses du modèle OSI (jusqu'au niveau 4), ce qui est insuffisant pour stopper une intrusion. Par exemple, lors de l'exploitation d'une faille d'un serveur Web, le flux HTTP sera autorisé par le firewall puisqu'il n'est pas capable de vérifier ce que contiennent les paquets.

Il existe trois types de firewalls :

- Les systèmes à filtrage de paquets sans état : analyse les paquets les uns après les autres, de manière totalement indépendante.

- Les systèmes à maintien d'état (stateful) : vérifient que les paquets appartiennent à une session régulière. Ce type de firewall possède une table d'états où est stocké un suivi de chaque connexion établie, ce qui permet au firewall de prendre des décisions adaptées à la situation.
  Ces firewalls peuvent cependant être outrepassés en faisant croire que les paquets appartiennent à une session déjà établie.
- Les firewalls de type proxy : Le firewall s'intercale dans la session et analyse l'information afin de vérifier que les échanges protocolaires sont conformes aux normes.

2.2 Recommandations

La sécurité intranet est principalement :
- Un problème organisationnel lié à l'adoption d'un mode de travail collaboratif, d'une culture de partage et de communication particulière qui reflète l'évolution des besoins des entreprises, du contexte économique dans lequel elles s'intègrent et de leur organisation.
- Un problème d'architecture de réseau (configuration, dimensionnement, gestion, flexibilité).
- Un problème de choix techniques pour réaliser une politique de sécurité bien déterminée.

Sans vouloir être exhaustif, voici quelques recommandations contribuant à sécuriser un environnement intranet.

- Un firewall doit être protégé et sécurisé contre des accès non autorisés (notion de système de confiance possédant un système d'exploitation sécurisé).
- Tous les trafics (entrants et sortants) doivent passer par le firewall.
- Seul le trafic défini par la politique de sécurité comme étant valide et autorisé, peut traverser le firewall.
- Configurer le firewall de telle sorte que tout ce qui n'est pas explicitement autorisé est interdit.
- Le firewall ne peut également être le serveur web de l'entreprise.
- Si les données du réseau interne sont vraiment sensibles, il faut alors accéder à internet par des machines détachées du réseau interne.
- Un firewall ne peut pas protéger l'environnement à sécuriser contre des attaques ou des accès illicites qui ne passent pas par lui ; il n'est d'aucune efficacité en ce qui concerne des délits de perpétrés à l'intérieur de l'entreprise.
- Un firewall n'est pas un antivirus : il faut donc le protéger de manière complémentaire contre des infections virales. Dans l'absolu, un antivirus devrait résider sur tous les systèmes offrant un service de connectivité (serveurs de messagerie, serveur de communication, etc.) et sur toutes les machines supportant des données (serveur

d'archivage, de base de données, etc.), ainsi que sur les postes de travail des utilisateurs.

2.3 Principales caractéristiques d'un firewall

L'objet du réseau est d'offrir un maximum de connectivité et d'accès aux ressources. L'objet de la sécurité est de limiter ces accès. Ces deux objectifs concurrents et contradictoires se trouvent être ceux d'un firewall. Pour cela, et afin de satisfaire les objectifs de sécurité attendus d'un firewall, ce dernier implémente trois fonctions basiques : le filtrage, le masquage et le relais.

2.3.1 Fonction de filtre et de cloisonnement

Dans une architecture de réseau, un firewall en renforce la sécurité en contrôlant les flux de données qui traversent (en entrée et en sortie). Un firewall est un système qui permet de filtrer les communications qui lui parviennent, de les analyser et de les autoriser si elles remplissent certaines conditions.

Figure 5 : fonctions de filtre et de cloisonnement d'un firewall

Selon la nature de l'analyse et des traitements effectués par un firewall, différents types de firewalls existent. Ils se distinguent le plus souvent en fonction du niveau du filtrage des données auxquels ils opèrent : niveau 3 (IP), niveau 4 (TCP, UDP), ou niveau 7 (FTP, http, etc.) du modèle OSI (figure 7).

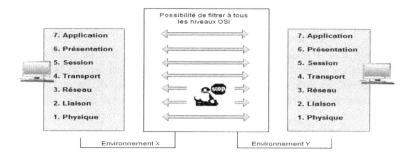

Figure 6 : les différentes possibilités de filtrage d'un firewall

Le firewall routeur, par exemple, analyse chaque paquet selon un ensemble de règles déterminées qui constituent le filtre, et les informations contenues dans le paquet (adresse IP, numéros de ports TCP ou UDP, nature du protocole véhiculé dans le paquet, etc.). A l'issue de cette analyse, le paquet est soit transmis, soit détruit. La performance et la souplesse (sa capacité à être déployés dans presque tout type d'infrastructure) sont les principaux avantages de ce type de firewall. Néanmoins, la journalisation des événements reste limitée en fonction du niveau auquel s'opère le firewall. En plus, le blocage des usages malintentionnés des applications est assez difficile voire impossible.

Il existe également un autre type de firewall dit statefull firewall. Ce dernier permet de filtrer les paquets en se basant sur la couche transport du modèle OSI (filtrage au niveau des ports de communication TCP-UDP). Il maintient une table d'état des connexions correspondantes aux ports logiques du niveau 4 du modèle OSI et surtout dont le numéro est supérieur à 1024 (les ports utilisés par les applications de l'utilisateur). Ce type de firewall offre les mêmes avantages que ceux offerts par le firewall routeur avec le plus souvent une performance inférieure.

En s'interfaçant entre les systèmes du réseau d'une organisation et internet, un firewall permet de cloisonner le réseau et éventuellement de le masquer aux utilisateurs d'internet. Cloisonner un réseau revient à le concevoir de telle manière que l'on puisse en fonction d'impératifs de sécurité, séparer des systèmes et des environnements afin de mieux les contrôler. Le principe de cloisonnement repose sur la segmentation du système d'information en composants de sécurité homogènes (domaines de confiance mutuelle). Le contrôle d'accès des flux d'information échangés entre les divers composants du système d'information doit être rigoureux pour garantir la sécurité et la séparation totale et filtrantes des entités cloisonnées.

Le cloisonnement d'un réseau permet de constituer des environnements IP disjoints, en rendant physiquement indépendants les accès des réseaux que l'on désire séparer. Cela permet d'interconnecter deux réseaux de niveau de sécurité différents. Ainsi l'on peut contrer les flux qui pourraient engendrer la compromission des systèmes et des données (modification, destruction, altération, perte, fuite d'information), l'atteinte aux critères de l'intégrité, de disponibilité et aux performances (déni de service, détournement, prise de contrôle à distance, etc.).

Ainsi par exemple, dans la figure 6, toutes les demandes d'accès au réseau Y qui parviennent au firewall par un système du réseau X, sont préalablement analysées et traitées avant d'être émises sur le réseau Y et inversement.

Ce type de firewall possède deux cartes réseau, généralement l'une pour le réseau de l'entreprise, l'autre pour le réseau Internet. La configuration du firewall est telle que les données arrivant sur l'une des cartes ne sont pas transmises directement sur l'autre mais de manière sélective, selon des critères de filtrages déterminés lors de sa configuration.

2.3.2 Fonction de relais et de masque

Un firewall applicatif encore dénommé proxy (serveur proxy, firewall proxy) joue un rôle de relais applicatif. Il établit en lieu et place de l'utilisateur le service invoqué par celui-ci (figure 8)

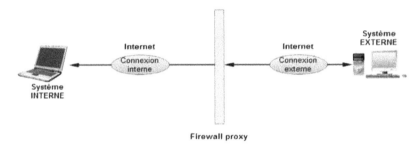

<u>Figure 7 : les fonctions de relais et de masque</u>

L'objectif d'un système qualifié de proxy est de réaliser un masquage d'adresse par relais applicatif, et de rendre transparent l'environnement interne de l'organisation. Il est censé constituer un point de passage obligé pour toutes les applications qui nécessitent un accès Internet. Cela suppose qu'une application « relais » soit installée sur le poste de travail de l'utilisateur et sur le firewall (voir figure 9).

Ainsi à chaque demande de connexion Internet, le fait de lancer un navigateur active également ce programme relais qui demandera au proxy, en ses lieu et place, de réaliser la connexion externe. Le proxy contacte alors le serveur externe sollicité sur Internet avec sa propre adresse et non pas avec celle du système de l'utilisateur final et effectue les échanges de données nécessaires. Le proxy cache de la sorte toute l'infrastructure du réseau local et ne dévoile en aucun cas les adresses des machines internes. Il agit comme une passerelle applicative. Ce type de serveur est systématiquement mis en œuvre lors de l'utilisation d'un plan d'adressage privé.

Une alternative pour effectuer un masquage d'adresse est de le réaliser au « fil de l'eau » au fur et à mesure que les paquets arrivent au firewall. Depuis le poste de travail de l'utilisateur final des paquets de données sont transmis au firewall qui retire alors l'adresse source du paquet en transit pour la substituer et y mettre soit sa propre adresse soit une adresse issue d'un pool d'adresse IP libres.

Par ailleurs, certains firewalls réalisent également des fonctions de répartitions et d'équilibrage de charge entre les systèmes qu'ils desservent.

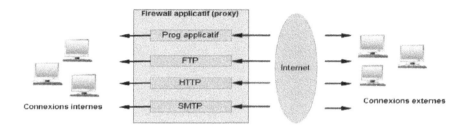

Figure 8 : exemple de firewall proxy

2.4 Critères de choix d'un firewall

Les façons de configurer un firewall et de gérer sont tout aussi importantes que les capacités intrinsèques qu'il possède. Toutefois, lorsque le choix s'impose, on prendra en considération entre autres, les critères suivants :

- La nature, le nombre des applications appréhendées (FTP, messagerie, HTTP, SNMP, RealAudio, VDO Live, vidéoconférence, etc.).
- Le type de filtres, le niveau de filtrage (niveau applicatif, niveau TCP, niveau IP, possibilité de combiner ces niveaux).
- Les facilités d'enregistrement des actions à des fins d'audit, login, complet des paramètres de connexion, l'existence d'outils d'analyse, d'audit actif et de détection d'activités suspectes.
- Les outils et facilités d'administration (interface graphique (GUI, Graphic User Interface) ou lignes de commandes, administration distante après authentification du gestionnaire, etc.).
- La simplicité du système, proxy facile à comprendre et à vérifier (faciliter de configuration, etc.).
- La capacité à supporter un tunnel chiffré permettant de réaliser si nécessaire, un réseau privé virtuel (VPN, Virtual Private Network).
- La disponibilité d'outils de surveillance, d'alarmes, d'audit actif.
- La possibilité d'effectuer de l'équilibrage de charge.
- L'existence dans l'organisation de compétences en manière d'administration du système d'exploitation du firewall.
  Le firewall est comme tout système sujet à des menaces. Parmi elles retenons :
- Les intrusions dans un firewall avec pour conséquences la modification de sa configuration, des accès, l'effacement ou la modification des traces de journalisation ou encore l'infection virale.
- Toute opération inappropriée réalisée d'une manière accidentelle ou par négligence.

Vu l'importance et le rôle critique des firewalls dans la réalisation de la sécurité des réseaux, la communauté internationale a proposé une évaluation de ce type de fonction et de système. L'organisation des critères communs a présenté en septembre 1998 deux profils de protection qui ont été validés en avril 1999, par la DCSSI (Direction Centrale de la Sécurité des Systèmes d'Information).

- Firewall à exigences réduites qui est accessible sur le site des critères communs. Ce profil de protection permet l'obtention du niveau d'assurance quatre augmenté (EAL4+).
- Firewall à exigences élevées qui permet l'obtention du niveau d'assurance cinq augmenté (EAL+5).

2.5 Positionnement d'un firewall
2.5.1 Architecture de réseaux

Plusieurs architectures et configurations de réseaux intégrant des firewalls peuvent être mises en place.

Un firewall pourra par exemple être placé en amont d'un serveur sur lequel des services indispensables (DNS, SMTP, etc.) sont implantés. L'accès à ce serveur qualifié de bastion, répond à des procédures de contrôle et d'authentification importantes, de plus sa plate-forme logicielle doit être également bien sécurisée.

Un firewall peut être précédé d'un routeur filtrant qui s'assurent que les paquets entrants à partir d'Internet, sont exclusivement à destination du firewall (et non à destination du bastion). Le firewall ne transmettra les données au bastion ou au réseau interne qu'après leur examen. Le routeur n'admettra du réseau interne que les paquets IP provenant du firewall

Figure 9 : Exemple de configuration de réseau intégrant un routeur filtrant , firewall et un système bastion

Le firewall effectue les fonctions de filtrage, de proxy, d'authentification. Ainsi, on réalise deux mécanismes complémentaires de filtrage, l'un au niveau du routeur, l'autre au niveau du firewall.

En augmentant le nombre et la nature des systèmes à pénétrer avant d'accéder au réseau interne de l'organisation, on augmente la sécurité de celui-ci. En effet, demande au délinquant de posséder des connaissances sur ces divers systèmes et donc un effort supplémentaire. Cette configuration autorise une certaine flexibilité de réalisation, un serveur web peut également trouver sa place entre le routeur filtrant et le bastion. En revanche, si le routeur est compromis et ne réalise plus correctement sa tâche de filtrage, une brèche de sécurité importante est alors ouverte. Pour palier cet inconvénient d'accès possible au réseau interne via le bastion, on implante dans celui-ci, deux accès réseaux distincts (dual-homed bastion) l'un vers le routeur et l'Internet, l'autre vers le réseau interne.

2.5.2 Périmètre de sécurité

Un routeur peut également donner accès, non plus seulement à un firewall, mais à un sous-réseau comportant plusieurs systèmes. On a ainsi réalisé un périmètre de sécurité dénommé zone démilitarisée (DMZ, DeMilitarized Zone) dans laquelle le bastion réside ainsi que les serveurs publics de l'organisation (Figure 8.7). Toutes les machines internes, y compris le firewall dénommé alors « screened host gateway », sont alors complètement masquées.

Dans la mesure où deux routeurs filtrants existent, l'un entre Internet et le bastion, l'autre entre le bastion et le réseau interne, cette configuration en créant un sous-réseau isolé, est relativement sûre. Trois niveaux de défense sont réalisés, le réseau interne est invisible d'Internet et les systèmes de l'entreprise ne peuvent accéder directement à Internet.

Le périmètre de sécurité ne vaut que si on l'utilise (procédures de dial in, dial out). Il faut donc faire en sorte qu'il ne puisse être contourné par les stations possédants un modem et une sortie téléphonique externe afin qu'un utilisateur n'établisse pas de communication directe avec un serveur Internet. Il est donc nécessaire de définir une politique d'usage des modems dans l'entreprise.

2.5.3 Configuration

La localisation d'un serveur web, dans l'architecture de réseau de l'entreprise, dépend du degré de protection et d'interaction avec les autres éléments du système d'information que l'on souhaite obtenir. Diverses configurations sont envisageables, les plus courantes sont résumées ci-après :
- Dans la configuration dite de « l'agneau sacrifié », le serveur web est placé entre le firewall et le point d'accès au réseau Internet. Il n'a de ce fait aucune interactivité directe avec le reste des ressources informatiques de l'entreprise. Si cela offre un bon isolement des environnements, cela pose, entre autres, des problèmes de mise à jour du serveur, de partage des fichiers et d'intégration des traitements. Cette configuration est peu retenue par les organisations.
- Une possibilité est de placer le serveur « derrière » le firewall, entre le réseau e l'entreprise et le firewall visible d'Internet. L'exploitation, le suivi et la mise à jour sont facilités, et le serveur web est bien protégé des attaques externes mais pas du tout de celles provenant de l'intérieur de l'entreprise. De plus une prise de contrôle du serveur permet de s'en servir comme relais pour une attaque ultérieure. Pour palier cet inconvénient, on isole les ressources de l'entreprise du serveur web, par un firewall interne. Un serveur web peut résider dans l'enceinte d'un périmètre de sécurité.

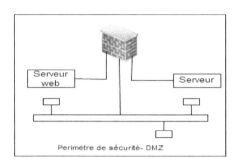

Figure 10 : Exemple de périmètre de sécurité

Toutefois, on peut utiliser un ou plusieurs points d'accès à Internet sur le réseau, à condition que l'on sache configurer correctement ces points d'accès. On pourra configurer les firewalls en interdisant toute forme de routage automatique entre Internet et le réseau interne. On pourra aussi n'utiliser pour le réseau interne que des adresses définies par la RFC 1918 (Adress Allocation for Private Internets). En principe, aucun routeur ne transmet des paquets ayant pour origine ou destination de telles adresses.

CONCLUSION

La sécurité d'un intranet repose sur l'installation d'un ou plusieurs systèmes pare-feu. La mise en place d'un firewall tend à créer un sas de sécurité isolant physiquement ou logiquement Internet du reste du système d'information. On sépare ainsi les infrastructures externe et interne, et pour rendre ce dernier complètement opaque, on masque également par des systèmes proxy toutes les adresses IP internes de l'entreprise.

L'implantation et la configuration d'un firewall résultent d'un choix d'architecture de réseaux pour répondre aux besoins de sécurité et de contrôle des entités d'un système d'information. Le firewall constitue un des outils de réalisation de la politique de sécurité et n'est qu'un des composants matériels ou logiciels de sa mise en œuvre. En effet, un firewall ne suffit pas à bien protéger le réseau et les systèmes d'une organisation. Il doit être également accompagné d'outils, de mesures et de procédures répondant à des objectifs de sécurités préalablement déterminés par la politique de sécurité. L'efficacité d'un firewall dépend essentiellement de son positionnement par rapport aux systèmes qu'il doit protéger, de sa configuration et de sa gestion.

Vu que notre firewall Netfilter/Iptables utilise bien dans sa configuration les entêtes de plusieurs protocoles réseau, nous nous intéresserons dans le chapitre suivant de parler de quelques notions réseau qui nous seront utiles lors de l'étude de ce firewall.

Chapitre3 : Notions réseau-protocoles

Le protocole réseau représente le langage utilisé sur ma connexion pour communiquer entre les machines. Chaque ordinateur ou périphérique réseaux doivent utiliser le même protocole pour pouvoir se comprendre, il commande le déroulement des communications. Ils se basent essentiellement soit sur le modèle OSI [8], soit sur le modèle TCP/IP [9].

Afin de pouvoir manipuler convenablement Iptables, il est nécessaire d'avoir une bonne compréhension du protocole TCP/IP, aussi bien que des autres protocoles tel que : UDP, ICMP, etc. C'est ce que nous allons aborder tout au long de ce chapitre.

1. TCP/IP

Afin de pouvoir appliquer le modèle TCP/IP sur n'importe quelle machine c'est-à-dire indépendamment du système d'exploitation, le système TCP/IP à été décomposé en plusieurs modules effectuant chacun une tâche précise. De plus, ces modules effectuent ces tâches les uns après les autres dans un ordre précis, on a donc un système stratifié, c'est la raison pour laquelle on parle de modèle en couches.

Le but d'un système en couches est de séparer les problèmes en différentes parties (les couches) selon leur niveau d'abstraction.

Chaque couche du modèle communique avec une couche adjacente (celle du dessus ou celle du dessous). Chaque couche utilise ainsi les services des couches inférieures et en fournit à celle du niveau supérieur.

Il existe deux architectures de base lorsque nous parlons de couches. Une des deux est le modèle OSI (Open System Interconnection) et consiste en 7 couches (voir figure 11). Nous les présenterons succinctement ici. Nous nous intéressons plus particulièrement aux couches TCP/IP (voir figure 11).

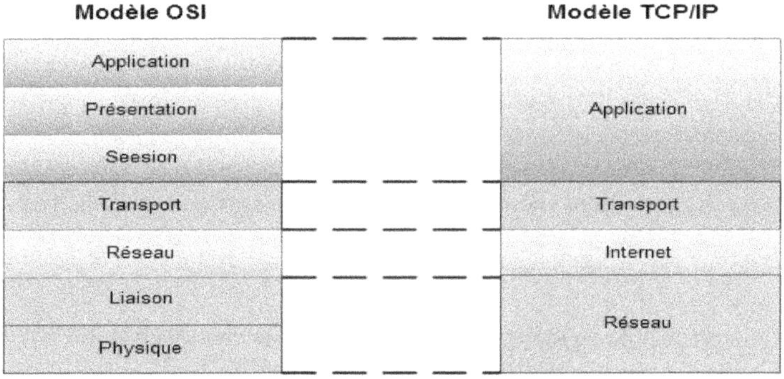

Figure 11: Modèles OSI, TCP/IP

Comme on peut le remarquer, les couches du modèle TCP/IP ont des tâches beaucoup plus diverses que les couches du modèle OSI, étant donné que certaines couches du modèle TCP/IP correspondent à plusieurs couches du modèle OSI. Les rôles des différentes couches sont les suivants :

- **Couche Réseau :** elle spécifie la forme sous laquelle les données doivent être acheminées quel que soit le type de réseau utilisé.
- **Couche Internet :** elle est chargée de fournir le paquet de données (datagramme).
- **Couche Transport :** elle assure l'acheminement des données, ainsi que les mécanismes permettant de connaître l'état de la transmission.
- **Couche application :** elle englobe les applications standards du réseau (SNMP, FTP, HTTP …).

Un paquet que nous envoyons, parcourt du sommet à la base de cette liste, chaque couche ajoutant ses propres en-têtes au paquet, ce que nous appelons la phase d'encapsulation. Lorsque le paquet rejoint sa destination il parcourt en sens inverse la liste et les en-têtes sont supprimés du paquet, un à un, chaque en-tête donnant à l'hôte de destination toute l'information nécessaire jusqu'à ce que le paquet joigne l'application ou le programme pour lequel il était destiné.

Figure 12 : Encapsulation de données

A chaque niveau, le paquet de données change d'aspect, car on lui ajoute un en-tête, ainsi les appellations changent suivant les couches :
- Le paquet de données est appelé **message** au niveau de la couche Application
- Le message est ensuite encapsulé sous forme de **segment** dans la couche Transport
- Le segment encapsulé dans la couche Internet prend le nom de **datagramme**
- Enfin, on parle de **trame** au niveau de la couche Accès réseau

La figure suivante représente les principaux protocoles rencontrés sur un réseau TCP/IP :

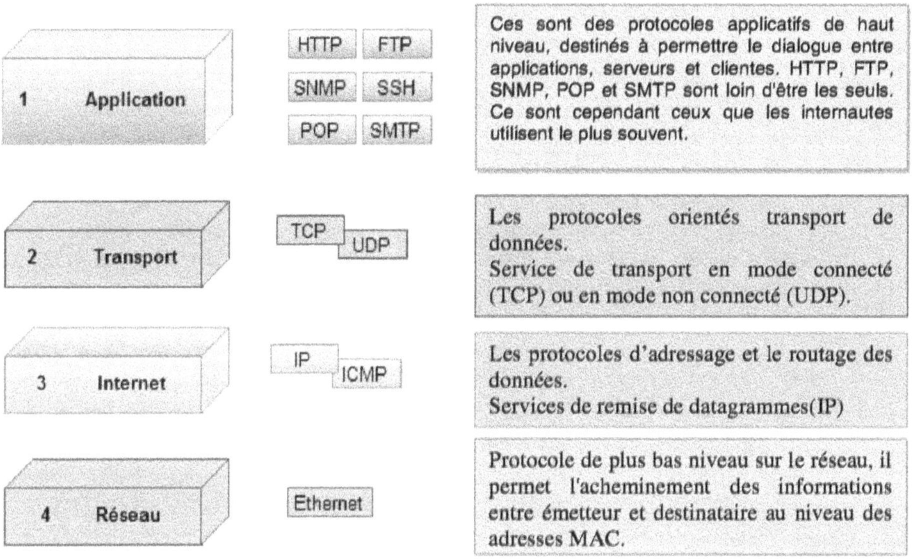
1 Application
HTTP
FTP
SNMP
SSH
POP
SMTP
Ces sont des protocoles applicatifs de haut niveau, destinés à permettre le dialogue entre applications, serveurs et clientes. HTTP, FTP, SNMP, POP et SMTP sont loin d'être les seuls. Ce sont cependant ceux que les internautes utilisent le plus souvent.
2 Transport
TCP
UDP
Les protocoles orientés transport de données.
Service de transport en mode connecté (TCP) ou en mode non connecté (UDP).
3 Internet
IP
ICMP
Les protocoles d'adressage et le routage des données.
Services de remise de datagrammes(IP)
4 Réseau
Ethernet
Protocole de plus bas niveau sur le réseau, il permet l'acheminement des informations entre émetteur et destinataire au niveau des adresses MAC.

Figure 13 : L'architecture TCP/IP

Netfilter et Iptables opèrent principalement sur les couches Internet et Transport. En effet, c'est à l'intérieur des entêtes des deux couches qu'Iptables est spécifiquement construit. Nous nous concentrerons sur les protocoles IP [10], ICMP [11] de la couche Internet, et TCP [12], UDP [13] de la couche Transport.

Pour le protocole ICMP, il est actuellement une sorte de mélange entre les deux couches. Il fonctionne dans la couche Internet, mais il possède exactement le même en-tête que le protocole IP, mais aussi quelques en-têtes supplémentaires. Nous verrons ceci plus en détail plus dans Caractéristiques ICMP.

Caractéristiques IP :

Le protocole IP et le protocole dans la pile TCP/IP, qui permet à la machine routeur, switch, etc, de savoir où un paquet spécifiquement est envoyé. Ce protocole est véritablement le cœur de toute la pile TCP/IP, et est la base de tout sur internet.

Ce protocole définit le système d'adressage Internet que nous utilisons aujourd'hui. Ceci indique que le protocole IP définit comment les hôtes peuvent se joindre entre eux, il indique aussi comment nous pouvons router les paquets.

Le protocole IP doit aussi pouvoir décapsuler et encapsuler le datagramme IP (donnée IP) et envoyer ou recevoir le datagramme d'une couche Réseau, ou d'une couche Transport. Ceci peut sembler évident, mais parfois ce ne l'est pas. Au sommet de tout ça, il possède deux fonctions qu'il doit exécuter correctement, ce qui est particulièrement intéressant pour le pare-feu et le routage. Le protocole IP est responsable du routage des paquets depuis un hôte vers un autre. La plupart du temps sur des réseaux uniques, c'est un processus simple. Nous avons deux options différentes, soit le paquet est destiné au réseau local, soit passe par une passerelle. Mais lorsque on commence à travailler avec des pare-feux et des politiques de sécurité conjointement avec de multiples interfaces réseau et différentes routes, ce peut être casse-tête pour les administrateurs. La dernière des responsabilités du protocole IP est qu'il doit fragmenter et réassembler les datagrammes qui ont préalablement été fragmentés, ou qui nécessitent d'être fragmentés pour s'adapter à la taille du paquet pour la topologie du réseau où nous sommes connectés. Si ces fragments de paquet sont suffisamment petits, ils peuvent causer d'horribles maux de tête aux administrateurs réseau. Le problème est, qu'une fois qu'ils sont fragmentés, nous commençons à avoir des soucis pour lire même les en-têtes du paquet.

Dans les séries 2.4 du noyau Linux, et Iptables, ceci ne représente pas un problème pour la plupart des pare-feux Linux. Le système de traçage de connexion utilisé par Iptables pour la vérification d'état, la traduction d'adresse, etc. doit être capable de lire les paquets défragmentés. À cause de ça, conntrack(suivi des connexions) défragmente automatiquement tous les paquets avant qu'ils rejoignent la structure netfilter/iptables dans le noyau.

IP est également connu comme un protocole incertain, c'est-à-dire, il ne permet pas de savoir si un paquet a été reçu ou non. Il reçoit simplement un paquet depuis la couche transport et le passe à la couche réseau, et ne fait rien de plus. Il peut recevoir un paquet en retour, lequel passe de la couche réseau au protocole IP et ensuite à la couche transport. Cependant, il ne vérifie pas si c'est un paquet en réponse ou si le paquet a été reçu dans un autre but.

En-tête IP :

Un paquet IP contient différentes parties dans l'en-tête. Celui-ci est méticuleusement divisé en plusieurs parties, et chaque partie de l'en-tête est aussi petite que possible pour faire ce travail, ceci pour limiter le temps système au minimum. La structure d'un paquet IP formaté par le protocole IPv4.

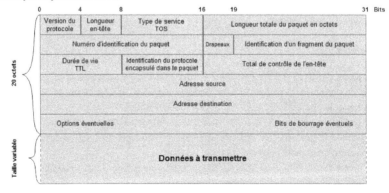

Figure 14 : La structure d'un paquet formaté par le protocole IPv4

- **Version du protocole** (4 bits de 0 à 3) : C'est le numéro de version du protocole IP en binaire. IPv4 est nommé par 0100, tandis que IPv6 par 0110. Ce champ n'est généralement pas très utilisé pour le filtrage. Actuellement on utilise la version 4 IPv4.
- **Longueur d'en-tête Internet** (4 bits de 4 à 7) : ou IHL pour Internet Header Length, ce champ nous indique la longueur de l'en-tête IP en 32 bits, il s'agit du nombre de mots de 32 bits constituant l'en-tête. La valeur minimale de ce champ est 5.
- **Type de service** (8 bits de 8 à 15) : le TOS indique la façon selon laquelle le datagramme doit être traité, il sert à préciser le traitement effectué sur le datagramme pendant sa transmission à travers Internet.
- **Longueur totale** (16 bits de 16 à 31) : Ce champ nous renseigne sur la taille des paquets en octets, incluant les en-têtes. La taille maximum est 65535 octets. La taille minimum d'un paquet est de 576 octets, sans prendre en compte si le paquet arrive en fragments ou non.
- **Identification** (16 bits de 32 à 47) : Ce champ est un numéro utilisé pour aider à réassembler les paquets fragmentés dans le bon ordre.
- **Drapeaux** (3 bits de 48 à 50) : Ce champ contient des fanions mélangés appartenant à la fragmentation :
  - ✓ Le premier bit est réservé, mais toujours inutilisé, et doit être placé à 0.
  - ✓ Le second bit (appelé DF : Don't Fragment) est placé à 0 si le paquet peut être fragmenté, et à 1 s'il ne peut pas être fragmenté.
  - ✓ Le troisième et dernier bit (appelé MF : More Fragments) peut être placé à 0 si il était le dernier fragment, et à 1 s'il n'y a pas de fragments supplémentaires de ce même paquet.
- **Identification d'un fragment** (13 bits de 51 à 63) : Ce champ indique le décalage du premier octet du fragment par rapport au datagramme complet. Cette position relative est mesurée en blocs de 8 octets (64 bits). Le décalage du premier fragment vaut zéro.
- **Durée de vie** (8 bits de 64 à 71) : Le champ TTL (Time To Live) indique la durée de vie d'un paquet sur l'Internet. Chaque processus qui touche le paquet doit supprimer un point du champ TTL, et si le TTL atteint zéro, le paquet doit être détruit ou écarté. C'est un usage de base fonctionnant comme une sécurité car si le paquet n'est pas supprimé/écarté il peut se transformer en boucle incontrôlable entre un ou plusieurs hôtes.
- **Identification du Protocole** (8 bits de 72 à 79) : Ce champ indique quel protocole est utilisé au niveau de la couche supérieure. Une valeur décimale permet de savoir de quel protocole est issu le datagramme, Par exemple TCP = 6, UDP = 17, ICMP =1.
- **Totale de contrôle de l'en-tête** (16 bits de 80 à 95) : Le Header Checksum contient une valeur codée sue 16 bits qui permet de contrôler l'intégrité de l'en-tête afin de déterminer si celui-ci n'a pas été altéré pendant la transmission.
- **Adresse Source** (32 bits de 96 à 127) : Ce champ représente l'adresse IP de la machine émettrice. Elle permet au destinataire de connaître l'adresse d'expédition du paquet.
- **Adresse destination** (32 bits de 128 à 159) : Adresse IP du destinataire du message.
- **Options** (0 à 40 octets de 160 à 191 < > 479) : Ce champ est facultatif.

- **Bourrage** (bits variables de 0 à 7) : C'est un champ de remplissage, Il permet de combler le champ option afin d'obtenir un en-tête IP multiple de 32 bits. La valeur des bits de bourrage est 0.

2. TCP

TCP (Transmission Control Protocol) : Le protocole de contrôle de transmission est l'un de principaux protocoles de la couche Transport du modèle TCP/IP. Il offre un service de transport fiable en mode connecté, Ce protocole possède de fonctions natives pour vérifier si les données sont reçues correctement par les hôtes de destinataires. Les buts principaux du protocole TCP sont de vérifier que les données sont envoyées et reçues de façon fiable, que les données sont transportées entre les Internet et Application correctement, et que les paquets joignent le bon programme dans la couche application, et dans bon ordre. Tout ceci est possible grâce aux en-têtes TCP du paquet.

Etablissement d'une connexion :

Le protocole TCP considère les données comme un flux continu avec un signal de début et de fin. Le signal qui indique qu'un nouveau flux est en attente d'ouverture est appelé une poignée de main SYN à trois voies dans TCP, et consiste en un paquet envoyé avec le bit SYN. Les réponses se font soit avec SYN/ACK soit avec SYN/RST pour permettre au client de savoir si la connexion a été acceptée ou refusée respectivement. Si le client reçoit un paquet SYN/ACK, il peut de nouveau répondre, cette fois avec un paquet ACK. À ce moment, la connexion est établie et les données peuvent être envoyées.

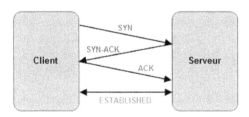

Figure 15 : Etablissement d'une connexion

Pendant la phase de transferts de données, certains mécanismes clefs permettent d'assurer la robustesse et la fiabilité de TCP. En particulier, les numéros de séquence sont utilisés afin d'ordonner les segments TCP reçus et de détecter les données perdues :

✓ Le client envoi un segment SYN avec un numéro de séquence X par exemple.

✓ Le serveur envoi une accusée de réception, c'est-à-dire un segment SYN/ACK dont le numéro d'acquittement est égal au numéro de séquence qu'il a reçu + 1, donc (X+1).et un numéro de séquence est égale Y par exemple.
✓ Le client acquitte la réponse en envoyant un segment ACK dont le numéro d'acquittement égal au numéro de séquence envoyé par le serveur + 1, donc (Y+1).

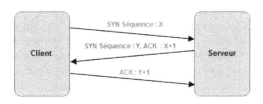

Figure 16 : Transfert de données

Le client peut demander à mettre fin à une connexion au même titre que le serveur, en envoyant un paquet FIN comme point final. Une fois que le client ou le serveur désire clore la connexion complètement, il envoie un paquet FIN en retour, et le correspondant répond avec un paquet FIN/ACK. Une fois cette procédure complète effectuée, la connexion est coupée proprement.

En-tête TCP :

Les en-têtes TCP contiennent des sommes de contrôle. La somme de contrôle consiste en une simple empreinte numérique du paquet. Cette empreinte numérique permet de voir si le paquet a été corrompu d'une façon ou d'une autre pendant le transit entre les hôtes.

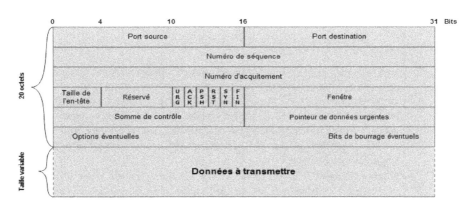

Figure 17 : La structure d'un segment TCP.

- **Port source** (16 bits de 0 à 15) : C'est le port source du paquet.
- **Port destination** (16 bits de 16 à 31) : C'est le port de destination du paquet.
- **Numéro de séquence** (32 bits de 32 à 63) : Ce champ est utilisé pour mettre en place un numéro sur chaque paquet TCP pour que les paquets s'ordonnent dans le bon ordre, Le numéro de séquence est alors renvoyé dans le champ ACK pour accuser réception que le paquet a été correctement reçu.
- **Numéro d'acquittement** (32 bits de 64 à 95) : Le numéro d'accusé-réception est utilisé quand nous accusons réception d'un paquet spécifique qu'un hôte a reçu.
- **Taille de l'en-tête** (4 bits de 96 à 99) : Ce champ indique la longueur de l'en-tête TCP, et où la partie de données du paquet démarre. Il est codé sur 4 bits, et mesure l'en-tête TCP en nombre des mots de 32 bits.
- **Réservé** (4 bits de 100 à 105) : Ces bits sont réservés pour un usage futur.
- **Le Drapeaux** (6 bits de 106 à 111) : Ces sont de bits de contrôles :
    - ✓ **URG** (bit 106) **:** si ce drapeau est à 1, le paquet doit être traité de façon urgente.
    - ✓ **ACK** (bit 107) **:** si ce drapeau est à 1, alors le paquet est un accusé de réception.
    - ✓ **PSH** (bit 108) **:** Le drapeau PUSH est utilisé pour prévenir le protocole TCP sur des hôtes intermédiaires d'envoyer les données à l'utilisateur actuel, incluant l'implémentation TCP sur l'hôte destinataire. Ceci expédie toutes les données.

1.1 **RST** (bit 109) **:** Ce drapeau est placé pour indiquer à l'hôte de relancer la connexion TCP.

  - ✓ **SYN** (bit 110) **:** Le drapeau SYN (Synchronize Sequence Numbers) est utilisé pendant l'établissement initial de la connexion. Il est placé dans le paquet initial qui ouvre la connexion, et le paquet SYN/ACK en réponse. Il ne doit jamais être utilisé en dehors de ces cas.
  - ✓ **FIN** (bit 111) **:** Le bit FIN indique que l'hôte qui envoi le bit FIN n'a plus de données à expédier. Quand l'hôte voie le but FIN, il répond avec un FIN/ACK. Une fois cela fait, l'expéditeur du bit FIN ne peut plus envoyer de données. Donc la connexion est un état CLOSED.

- **Le Fenêtre** (16 bits de 112 à 127) : Le champ fenêtre est utilisé par l'hôte destinataire pour dire à l'expéditeur combien de données il autorise à cet instant. Ceci est fait en envoyant un ACK en retour, qui contient un numéro d'interclassement (numéro de séquence) nécessaire pour l'accusé-réception, Le champ fenêtre contient alors les numéros d'interclassement maximum acceptés que l'expéditeur peut utiliser avant de recevoir le prochain paquet ACK. Le paquet ACK suivant met à jour la fenêtre que l'expéditeur peut utiliser.
- **Somme de contrôle** (16 bits de 128 à 143) : Ce champ contient la somme de contrôle de l'en-tête TCP complet. C'est un complément d'une somme de chaque mot de 16 bits dans l'en-tête. Si l'en-tête ne finit pas sur une limite de 16 bits, le bit additionnel est placé à zéro. Tandis que la somme de contrôle est calculée, le champ somme de contrôle est placé à zéro. Ce champ couvre également un pseudo en-tête de 96 bits

contenant la destination, Adresse source, protocole, et la longueur TCP. Ceci pour des raisons de sécurité.

- **Pointeurs de données urgentes** (16 bits de 144 à 159) : Pointeur placé à la fin des données considérées comme urgentes. Si la connexion a d'importantes données qui doivent être exécutées le plus tôt possible par le destinataire, l'expéditeur peut placer un drapeau URG pour indiquer où les données urgentes finissent.
- **Options éventuelles** (de 160 à **) : Le champ Options est un champ de longueur variable qui contient des en-têtes optionnels. Ce champ est facultatif.
- **Bourrage** (bits variables de 0 à 7) : C'est un champ de remplissage, Il permet de combler le champ option afin d'obtenir un en-tête TCP multiple de 32 bits. La valeur des bits de bourrage est 0.

3. UDP

Le protocole UDP (User Datagramme Protocol) est un protocole non orienté connexion de la couche Transport du modèle TCP/IP. Il a été développé pour permettre une transmission de données très simple sans détection d'erreurs d'aucune sorte. Ce protocole est transactionnel, et ne garantit ni la délivrance du message, ni son éventuelle duplication.

En-tête UDP :

L'en-tête UDP est un en-tête TCP très basique et simplifié, il contient le port source, le port destination, la longueur d'en-tête et une somme de contrôle comme indiqué dans l'image ci-dessous.

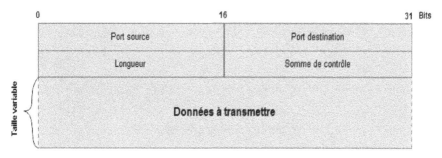

Figure 18 : L'en-tête du segment UDP.

- **Port source** (16 bits de 0 à 15) : C'est le numéro de port correspondant à l'application émettrice du segment UDP, ce champ représente une adresse de réponse pour le destinataire. Ainsi, ce champ est optionnel, cela signifie que si l'on ne précise pas le port source, les 16 bits de ce champ seront mis à zéro, auquel cas le destinataire ne pourra pas répondre.

- **Port destination** (16 bits de 16 à 31) : C'est le port de destination du paquet.
- **Longueur** (16 bits de 32 à 47) : Ce champ spécifie la taille de l'ensemble du paquet en octets, incluant les en-têtes et les données. Le plus petit paquet possible est de 8 octets.
- **Somme de contrôle** (16 bits de 48 à 61) : Il s'agit d'une somme de contrôle réalisée de telle façon à pouvoir contrôler l'intégrité du segment.

4. ICMP

ICMP (Internet Control Message Protocol - Protocole de message de contrôle sur Internet) est un protocole de la couche Internet du modèle TCP/IP, qui permet le contrôle des erreurs de transmission. En effet, comme le protocole IP ne gère que le transport des paquets et ne permet pas l'envoi de messages d'erreur, c'est grâce à ce protocole qu'une machine émettrice peut savoir qu'il y a eu un incident de réseau.

La forme générale du message contient un en-tête IP standard, le type, le code et la somme de contrôle. Tous les messages ICMP contiennent ces champs. Ces champs seront expliqués dans la partie en-tête ICMP.

En-tête ICMP :

L'en-tête ICMP change selon leur type, mais la figure suivante représente l'en-tête ICMP de base :

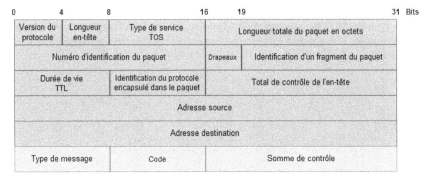

Figure 19 : L'en-tête de base ICMP.

- **Un en-tête IP (en bleu) :** avec une valeur du champ Protocole valant 1, et un type de service valant 0.
- **Type de message** (8 bits) : Ce champ contient le type ICMP du paquet. Par exemple les paquets ICMP Destination Injoignable auront un type 3 placé.
- **Code** (8 bits) : Tous les types ICMP contiennent différents codes. Certains types ont un code unique, tandis que d'autres ont plusieurs codes qu'ils peuvent utiliser. Par exemple, le type ICMP Destination Injoignable peut avoir au moins les codes : 0, 1, 2, 3, 4 ou 5. Chaque code aura un comportement différent selon le contexte.

- **Somme de contrôle** (16 bits) : Ce champ contenant un complément de complément des en-têtes démarrant avec le type ICMP. Tandis que le calcul de la somme de contrôle s'effectue, le champ de celle-ci sera placé à zéro.

CONCLUSION

Nous avons vu lors de ce chapitre l'ensemble des différents protocoles réseaux : TCP/IP, UDP, ICMP. La connaissance de ces protocoles et surtout de leurs entêtes, est importante vue que la manipulation d'Iptables repose sur l'utilisation de ces notions réseau.

Dans le chapitre suivant nous traiterons le firewall Netfilter/ Iptables avec ses différentes caractéristiques et fonctionnalités.

Chapitre4 : Netfilter/Iptables

Netfilter est le système de filtrage des éléments de protocole incorporé au noyau Linux depuis la version 2.4. Il est très efficace et rapide, plus complet que la version précédente (ipchains). Son mécanisme et sa configuration sont un peu moins évidents qu'avec ipchains, mais, après une phase d'adaptation, il s'avère plus commode. Il rivalise aisément avec de nombreuses réalisations commerciales.

NetFilter permet d'offrir une infrastructure dédiée au filtrage/manipulation de paquets, que les utilisateurs et développeurs pourraient déployer comme un add-on construit autour du noyau Linux. Il a été conçu pour être modulaire et extensible.

Selon la version du noyau Linux utilisée, plusieurs types de firewall filtrant existent :

- jusqu'à la version 2.1.102, c'est ipfwadm qui est implémenté.
- depuis la version 2.1.102, on utilise ipchains.
- à partir du noyau 2.4, iptables/NetFilter est implémenté en plus.

Au cours de ce chapitre, on se concentrera sur la version récente du firewall qui est iptables/Netfilter qui réside au niveau du noyau Linux 2.6.31.12-0.1.

Au cours de ce chapitre, on parlera du firewall Netfilter sous linux ainsi que de sa configuration à l'aide de la commande iptables.

1. Le Firewall NetFilter sous Linux

1.1 Topologie de la machine Linux

La machine Linux dispose de deux interfaces Ethernet [14]. Ici:

- Eth0 sur le réseau local (privé)
- Eth1 sur l'Internet via le modem câble du fournisseur d'accès. Cette interface, le plus souvent, sert de support à PPPoE.

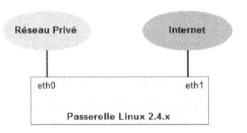

Figure 20 : Topologie de la machine Linux

Il faut bien comprendre qu'à priori, il peut entrer et sortir des données de chaque interface.

- Il peut entrer et sortir des données par Eth0, parce qu'un client du réseau local établit une connexion avec un service installé sur la passerelle.
- Il peut entrer et sortir des données par Eth1 (ou la connexion ppp qui y est associée) parce qu'un client situé sur le Net établit une connexion avec un service installé sur la passerelle (une session ssh ou telnet par exemple). Il peut se faire aussi que cette connexion s'établisse à votre insu, parce qu'un pirate est en train de prendre possession de votre machine.
- Il peut se faire également qu'une connexion s'établisse entre un poste du réseau privé et un serveur situé sur le Net. Dans ce cas, les paquets entreront par une interface et sortiront par l'autre.
- En toute rigueur, il est également possible qu'une connexion s'établisse entre un client situé sur le Net et un serveur situé sur votre réseau privé (si c'est possible aussi, bien que dans le cadre d'un réseau domestique, ce ne soit pas nécessaire, ni même souhaitable). Là aussi, les paquets qui entrent par une interface sortiront par l'autre.

1.2 Netfilter dans la pile IP

En tout état de cause, dans l'explication qui suit, quelles que soient l'origine et la destination des paquets, ils vont entrer dans la pile de protocoles IP par le même point et en sortir par le même autre point. Netfilter se présente comme une série de 5 "hooks" (points d'accrochage), sur lesquels des modules de traitement des paquets vont se greffer. Ces points sont:

- NF_IP_PRE_ROUTING
- NF_IP_LOCAL_IN
- NF_IP_FORWARD
- NF_IP_POSTROUTING
- NF_IP_LOCAL_OUT

La branche gauche représente le trajet des paquets qui entrent et qui sortent vers et depuis un processus local (SMB, FTP, HTTP etc.) La branche de droite représente le trajet des paquets qui traversent notre passerelle dans sa fonction de routeur.

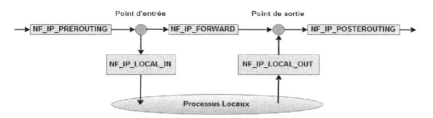

Figure 21 : Les hooks ou points d'accrochage

A travers ces cinq points d'insertion déjà cité, Netfilter va être capable :

- D'effectuer des filtrages de paquets, principalement pour assurer des fonctions de Firewall. On pourra par exemple interdire à tous les paquets venant de l'Internet et s'adressant au port 80 (HTTP) de passer.
- D'effectuer des opérations de NAT (Network Address Translation) Ces fonctions sont particulièrement utiles lorsque l'on veut faire communiquer tout ou partie d'un réseau privé, monté avec des adresses IP privées (192.168.x.x par exemple) avec l'Internet.
- D'effectuer des opérations de marquage des paquets, pour leur appliquer un traitement spécial. Ces fonctionnalités sont particulièrement intéressantes sur une passerelle de réseau d'entreprise, un peu moins pour notre cas de réseau domestique.

1.3 Principe de fonctionnement

Netfilter travaille sur des paquets réseaux. Il s'agit de parties des informations transmises. Pour, par exemple, télécharger un fichier, celui-ci est découpé en plusieurs paquets avant de transiter sur le réseau. Chacun de ces paquets comporte en plus des données, des informations ajoutées par les couches réseaux. Ce sont sur ces informations que s'effectueront les tests de filtrage.

La couche réseau Linux présente plusieurs points d'accès (en anglais hook). Netfilter dispose de fonctions de rappel (callback). Celles-ci sont des suites d'instructions qui précisent ce qui doit être fait lorsque survient un événement. Concrètement, lorsqu'un paquet réseau atteint un de ces points d'accès, il est passé à Netfilter par l'intermédiaire de sa fonction de rappel. Il est alors examiné pour prendre une décision concernant son traitement futur.

Le rôle de Netfilter consiste à stocker en premier lieu les règles suivant lesquelles on effectuera le filtrage des paquets arrivant sur notre réseau. Ensuite, on analyse l'entête du datagramme (en explorant des adresses IP source et destination ainsi que les protocoles et la politique utilisée etc.) afin qu'on puisse lui appliquer les règles de filtrage déjà définies et décider selon elles quel serait le destin d'un paquet arrivant sur notre réseau. On peut alors assimiler le comportement de Netfilter à un automate qui compare le paquet successivement à plusieurs règles. Et selon le résultat du test, le paquet est traité ou transmis au test suivant.

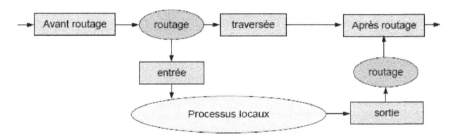

Figure 22 : La circulation d'un paquet dans un réseau

Les rectangles colorés en bleu représentent les points de filtrage possibles d'un datagramme et/ou d'action sur ce dernier.

Les datagrammes IP peuvent être analysés à différents stades de leur transit dans une machine:

- A l'arrivée, avant toute opération de routage
- Après décision de routage, et avant remise à la couche supérieure si le datagramme est arrivé à destination, ou avant envoi à la passerelle suivante si le datagramme doit être forwardé.
- Après la création du datagramme si ce dernier a été généré par la machine (à partir d'une couche supérieure).
- Après toutes les opérations de routage si le datagramme sort de la machine.

On a bien Netfilter un firewall qui existe par défaut dans le noyau Linux. Toutefois, il devrait y avoir un moyen qui permettra de mettre en évidence les fonctionnalités de ce firewall. En effet, Netfilter dispose d'une commande à tout faire : iptables. Cette commande va permettre, entre autres, d'écrire des chaînes de règles dans des tables. C'est ce que nous allons traiter le long de la deuxième partie de ce chapitre.

2. Iptables

Netfilter fonctionne en utilisant des commandes bien déterminées qu'on écrira au niveau du terminal sous forme de lignes de commandes. Ce sont appelées des commandes Iptables.

Iptables est un module qui s'insère dans la structure de NetFilter et autorise l'utilisateur à accéder aux règles et commandes de filtrage/manipulation du noyau, donc on peut dire tout simplement que Iptables est l'outil avec lequel Netfilter est configuré.

En principe, l'ensemble de ces commandes écrites au niveau du terminal, vont traduire ce qu'on veut avec notre Firewall, tel que l'autorisation aussi bien que le rejet de certains paquets venus sur le réseau, permettre ou interdire que certains ports soient utilisés, et pas mal d'autres fonctionnalités qu'on verra ainsi de suite.

2.1 Principe

Iptables est utilisé pour mettre en place, maintenir et inspecter les tables des règles de filtrage des paquets IP du noyau Linux. Différentes tables peuvent être définies.

Chaque table contient plusieurs chaînes prédéfinies et peut aussi contenir des chaînes définies par l'utilisateur.

Chaque chaîne est une liste de règles que peuvent vérifier un ensemble de paquets ; dans ce cas, on dit qu'on cherche à établir une correspondance avec la règle. Chaque règle détermine ce qui doit être fait avec un paquet qui correspond. Cette action est appelée une «cible», qui peut être un saut vers une chaîne définie par l'utilisateur dans la même table.

Suivant la syntaxe utilisée, la commande Iptables va permettre de spécifier des règles de sélection des paquets IP. On va pouvoir :

- **Ajouter** des règles / chaînes.
- **Supprimer** des règles / chaînes.
- **Modifier** des règles / chaînes.
- **Afficher** les règles / chaînes.

Les paquets sont récupérer suivant leurs : adresse source, adresse destination, protocole et numéro de port. Pour chaque règle de sélection, on peut soit accepter le paquet, soit l'ignorer, soit renvoyer une erreur.

Construction d'une règle :

TABLE	CHAINE	MOTIF DE RECONNAISSANCE	CIBLE

Exemple :

iptables -t filter -A INPUT -p TCP --dport 21 -j ACCEPT

2.2 Les tables

Une table permet de définir un comportement précis du firewall Linux.
Un paquet qui arrive est vérifié par une table pour savoir s'il a le droit d'aller où il veut.
Une table est en fait un ensemble de chaînes, elles-mêmes composées de règles.
Chaque table contient plusieurs chaînes prédéfinies et peut aussi contenir des chaînes définies par l'utilisateur.

Il est à noter que l'utilisation de ces chaînes au niveau des différentes tables n'est pas la même, vue que, par exemple une même chaîne pourrait être utilisée par plus qu'une seule table sans avoir la même fonctionnalité, aussi les cibles diffèrent d'une table à une autre définissant chacune la fonction souhaitée de la table qui pourrait être ou bien du filtrage, ou bien de la translation d'adresse, ou bien la modification des paquets.

Le noyau Linux contient par défaut trois tables

- La table Filter [13,16] : faire du filtrage de paquet.
  Chaînes utilisées : INPUT, OUTPUT, FORWARD.
  Cibles principales : ACCEPT, REJECT, DROP, LOG

- La table NAT : faire de la translation d'adresse ou de ports.
  Chaînes utilisées : PREROUTING, POSTROUTING, OUTPUT.
  Cibles : DNAT, SNAT, REDIRECT, MASQUERADE

- La table Mangle : faire de la modification ou du marquage de paquets à la volée.
  Chaînes utilisées: PREROUTING, POSTROUTING, INPUT, OUTPUT, FORWARD
  Cibles principales: MARK, TOS, TTL, DSCP, ECN, NETMAP, SAME, TCPMSS

2.2.1 La table Filter

C'est la table par défaut (si l'option -t est omise).
Comme son nom l'indique, cette table sert à filtrer les paquets réseaux. C'est à dire que nous allons pouvoir trier les paquets qui passent à travers le réseau, et supprimer ceux qui ne nous intéressent pas, ou que nous trouvons dangereux.
La philosophie du filtrage est très simple : Tout ce qui n'est pas explicitement autorisé est strictement interdit.
En effet, les trois chaînes prédéfinies de cette table fonctionnent comme suit :
- INPUT : Cette chaîne contrôle les paquets à destination des applications.
- OUTPUT : Elle analyse les paquets qui sortent des applications.
- FORWARD : Elle filtre les paquets qui passent d'une interface réseau à l'autre. Notez au passage que les paquets de ce type ne passent jamais par les chaînes INPUT et OUTPUT.

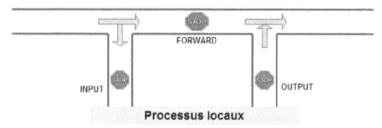

Figure 23 : Le filtrage des paquets

Si le paquet est destiné à l'hôte local: Il traverse la chaîne INPUT. S'il n'est pas rejeté, il est transmis au processus impliqué. Ce processus va donc le traiter et éventuellement émettre un nouveau paquet en réponse. Ce nouveau paquet traverse la chaîne OUTPUT. S'il n'est pas rejeté, il va vers la sortie.
Et dans le cas où le paquet est destiné à un hôte d'un autre réseau: Il traverse la chaîne FORWARD. S'il n'est pas rejeté, il poursuit alors sa route.

2.2.2 La table NAT

La traduction d'adresse (NAT comme Network Address Translation) est à prendre ici au sens le plus large, puisque cette table permet non seulement de faire de la translation stricte d'adresses, mais également de la translation de ports et un mélange des deux, dont le masquage d'adresse est une forme particulière. Par exemple, nous pourrons changer l'adresse de l'émetteur ou le port de l'émetteur ou les deux. Nous pouvons aussi changer l'adresse du destinataire, ou le port du destinataire, ou les deux.

En effet, la table Nat possède trois chaînes prédéfinies : PREROUTING, OUTPUT et POSTROUTING, la figure suivante représente le chemin des paquets à travers ces chaînes :

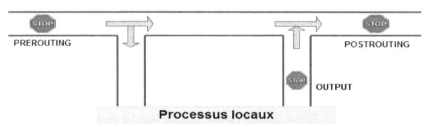

Figure 24 : Le masquage d'adresses

La chaîne PREROUTING permet de modifier les paquets dès qu'ils entrent dans le pare-feu. La chaîne OUTPUT permet de modifier les paquets générés localement (c'est à dire dans le pare-feu) avant qu'ils n'accèdent à la décision de routage. En dernier lieu, la chaîne POSTROUTING offre la possibilité de modifier les paquets juste avant qu'ils ne quittent le pare-feu.

2.2.3 La table Mangle

Cette table sert à transformer les paquets. Entre autres, on peut modifier le contenu de différents paquets et celui de leurs en-têtes. Par exemple, on peut changer les champs TTL, TOS ou MARK. Cette table est constituée de cinq chaînes prédéfinies, qui sont nommées PREROUTING, POSTROUTING, OUTPUT, INPUT et FORWARD.

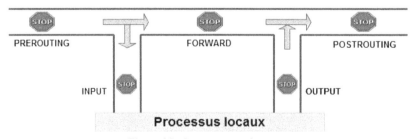

Figure 25 : Le marquage des paquets

44

La chaîne PREROUTING permet de modifier les paquets, juste quand ils entrent dans le pare-feu mais avant qu'ils n'atteignent la décision de routage. La chaîne POSTROUTING permet de modifier les paquets, juste après toutes les décisions de routage. La chaîne OUTPUT s'utilise pour transformer les paquets générés localement avant qu'ils ne sollicitent la décision de routage. La chaîne INPUT permet de modifier les paquets une fois qu'ils ont été routés vers la machine locale, mais avant que l'application de l'espace utilisateur n'ait réceptionné les données. La chaîne FORWARD permet de modifier les paquets après la première décision de routage mais avant la dernière. Notez que la table mangle ne peut en aucun cas servir à une forme de traduction d'adresse réseau ou de camouflage, la table nat a été conçue pour ce genre d'opérations.

2.3 La traversée des chaînes

Les chaînes [15] sont des ensembles de règles que nous allons écrire dans chaque table. Ces chaînes vont permettre d'identifier des paquets qui correspondent à certains critères. Lorsqu'un paquet arrive, il va être orienté (selon un certain nombre de paramètres) dans l'une des différentes chaînes disponibles.

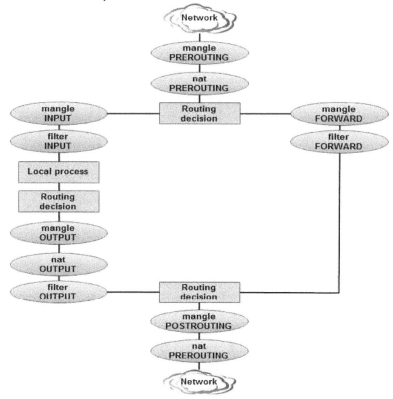

Figure 26 : La traversée des chaînes

Au moment où le paquet rentre dans la chaîne, les règles correspondant à cette chaîne sont appliquées dans l'ordre dans lequel elles sont stockées.

2.4 Les cibles

Une règle d'Iptables spécifie des critères de correspondance pour un paquet, et une cible [16]. Si le paquet ne correspond pas, la règle suivante de la chaîne est examinée ; s'il correspond, la règle suivante est déterminée par la valeur de la cible, qui peut être le nom d'une chaîne définie par l'utilisateur ou l'une des valeurs prédéfinie (exemple : INPUT, OUTPUT, FORWARD, etc.). En réalité, il existe une multitude de cibles, mais, on se contentera de mentionner les cibles suivantes :

2.4.1 Cible ACCEPT

Cette cible indique que la règle appliquée est acceptée, si non la règle ne traversera pas la chaîne ou aucune autre chaîne dans la même table. Cependant, un paquet qui a été accepté dans une chaîne peut toujours circuler à travers les chaînes dans d'autres tables, et peut toujours être supprimé à cet endroit là. Il n'y a rien de spécial concernant cette cible, et il n'est pas nécessaire d'y ajouter des options. Pour utiliser cette cible, spécifiez simplement -j ACCEPT.

2.4.2 Cible DROP

La cible DROP efface des paquets et n'effectue aucun autre processus supplémentaire. Un paquet qui existe dans une règle dont l'action est DROP, sera bloqué. Le paquet est, en d'autres termes, totalement mort. Comme inconvénient, on note que la cible DROP ne laisse aucune autre sorte d'information dans aucune direction, ni par des intermédiaires comme les routeurs, et comme solution, il vous mieux utiliser la cible REJECT.

2.4.3 Cible REJECT

La cible REJECT fonctionne à la base comme la cible DROP, mais elle renvoie un message d'erreur à l'hôte qui a envoyé le paquet. REJECT n'est valide que dans les chaînes INPUT, FORWARD et OUTPUT. Il n'y a qu'une option qui contrôle le fonctionnement de cette cible : --reject-with, qui indique à la cible REJECT quelle réponse envoyer à l'hôte qui a expédié le paquet qui a été rejeté. Il existe plusieurs types de rejet :

- icmp-net-unreachable : réseau inaccessible.
- icmp-host-unreachable : machine inaccessible.
- icmp-port-unreachable : port inaccessible
- icmp-proto-unreachable : protocole non utilisable.
- icmp-net-prohibited : réseau interdit.
- icmp-host-prohibited : machine interdite.
- icmp-admin-prohibited : communication interdite par l'administrateur.

- tcp-reset : envoie un paquet TCP RST en réponse à l'hôte expéditeur. Pour fermer les connexions TCP, tcp-reset n'est validée que dans le protocole TCP.

2.4.4 Cible LOG

La cible LOG est spécialement destinée à journaliser des informations détaillées sur les paquets. La cible LOG renverra une information spécifique sur les paquets, comme les en-têtes IP et autre détails considérés comme intéressants. Ceci se réalise par les fonctionnalités de journalisation du noyau, normalement syslogd. Il est d'utiliser la cible LOG au lieu de la cible DROP lorsqu'on teste une règle dont on n'est pas sûrs à 100% de son efficacité dans un pare-feu en production, car une erreur de syntaxe dans la table de règles pourrait causer de sévères problèmes de connectivité entre les utilisateurs.

Cette prend actuellement cinq options qui sont : --log-tcp-sequence, --log-tcp-options, --log-prefix, --log-ip-options, --log-level.

2.4.5 Cible DNAT

La cible DNAT est utilisée pour la Traduction d'Adresse Réseau de Destination, ce qui veut dire qu'elle sert à réécrire l'adresse IP de Destination du paquet. Si un paquet est apparié, et qu'il est la cible de la règle, ce paquet et tous les paquets suivants du même flux seront traduits, et ensuite routés vers le matériel, l'hôte ou le réseau appropriés. Nous pouvons aussi spécifier une plage d'adresses IP de destination, et le mécanisme DNAT choisira l'adresse IP de destination au hasard pour chaque flux. Nous pourrons donc réaliser une sorte d'équilibrage de charge en faisant ça.

Il est à noter que la cible DNAT est disponible uniquement dans les chaînes PREROUTING et OUTPUT de la table nat.

2.4.6 Cible SNAT

La cible SNAT est utilisée pour la Traduction d'Adresse Réseau Source, ce qui veut dire que cette cible réécrira l'adresse IP source dans l'en-tête IP du paquet.

SNAT n'est valide que dans la table nat, à l'intérieur de la chaîne POSTROUTING. C'est, en d'autres termes, la seule chaîne dans laquelle vous pouvez utiliser SNAT. Seul le premier paquet d'une connexion est analysé par SNAT, et ensuite tous les paquets utilisant la même connexion seront également SNATés. De plus, les règles initiales de la chaîne POSTROUTING seront appliquées à tous les paquets du même flux.

2.4.7 Cible REDIRECT

La cible REDIRECT est utilisée pour rediriger les paquets et les flux vers la machine elle-même. Ceci veut dire que nous pouvons, par exemple REDIRECT tous les paquets destinés aux ports HTTP vers un proxy HTTP comme Squid, sur notre propre machine. Les paquets générés localement sont mappés vers les adresses 127.0.0.1. En d'autres termes, elle réécrit les adresses de destination vers notre propre machine pour les paquets qui sont transmis. La cible REDIRECT est très utile quand on veut, par exemple, faire du proxy transparent, où l'hôte du LAN n'a pas connaissance du proxy.

Il est à noter que la cible REDIRECT est uniquement valide dans les chaînes PREROUTING et OUTPUT de la table nat.

2.4.8 Cible MASQUERADE

La cible MASQUERADE est utilisée (de façon basique) comme la cible SNAT, Ceci veut dire qu'on n'utilise la cible MASQUERADE qu'avec des connexions fournissant des adresses IP dynamiques. Si on a une adresse IP statique, on utilisera dans ce cas la cible SNAT.

Il est à noter que la cible MASQUERADE n'est valide que dans la chaîne POSTROUTING de la table nat, comme la cible SNAT.

2.4.9 Cible MARK

La cible MARK sert à placer les valeurs de marquage Netfilter qui sont associées à des paquets spécifiques. Cette cible n'est valide que dans la table mangle, et ne fonctionne pas en dehors de celle-ci.

2.4.10 Cible TOS

La cible TOS sert à disposer le champ Type de Service dans un en-tête IP. Le champ TOS consiste en 8 bits utilisés pour aider au routage de paquets (voir le chapitre précédent).

2.4.11 Cible TTL

La cible TTL n'est valide que dans la table mangle. Elle modifie le champ Durée de Vie (Time To Live) dans l'en-tête IP (voir le chapitre précédent).

2.4.12 Cible DSCP

C'est une cible qui modifie les repères DSCP (Differentiated Services Field) dans un paquet. La cible DSCP peut placer n'importe quelle valeur DSCP dans un paquet TCP, ce qui est un moyen d'indiquer aux routeurs la priorité du paquet en question.

La cible DSCP utilise deux options :

- *--set-dscp* : place une valeur DSCP spécifique.
- *--set-dscp-class* : place une valeur DSCP prédéfinie comme EF, BE,...etc.

2.5 Les commandes

Les commandes indiquent à Iptables d'exécuter une action spécifique et une seule commande n'est autorisée par chaîne de commande Iptables. A l'exception de la commande d'aide, toutes les autres commandes doivent être écrites en majuscules.

Les principales commandes Iptables disponibles sont les suivantes :

- -A : Ajoute une règle Iptables à la fin d'une chaîne donnée. On l'utilise dans les cas où l'ordre à l'intérieur de la chaîne n'est pas primordial, par exemple :

  iptables -A INPUT -p UDP -j ACCEPT

  Cette commande permet d'ajouter une nouvelle règle dans la chaîne INPUT pour accepter tous les paquets UDP entrants dans les processus locaux.

- -D : Elimine une règle à l'intérieur d'une chaîne donnée de façon numérique, par exemple : pour éliminer la deuxième règle de la chaîne FORWARD de la table mangle, on utilise la règle suivante :

  iptables -D FORWARD 2 -t mangle

- -F : Pour vider la chaîne sélectionnée, qui a pour effet d'éliminer toutes les règles de la chaîne. Si aucune chaîne n'est indiquée, cette commande supprime chaque règle de chaque chaîne, par exemple :

  iptables - t nat - F PREROUTING : vider la chaîne PREROUTING de la table nat.
  iptables - t nat - F : vider toutes les chaînes de la table nat.

- -h : Fournit une liste pratique de structures de commande, ainsi qu'un bref résumé de leurs paramètres et options.
- -N : Crée une nouvelle chaîne avec un nom spécifié par l'utilisateur. Par exemple :

  iptables -N MyChaine : Créer une nouvelle chaîne (MyChaine) dans la table filter.

- -P : Définit la politique par défaut d'une chaîne donnée, de sorte que lorsque des paquetages traversent une chaîne entière sans satisfaire à une règle, ils seront envoyés à une cible donnée, telle que DROP ou ACCEPT. Par exemple :

  iptables -P INPUT DROP
  iptables -P FORWARD DROP   } politique par défaut des chînes de la tables filter
  iptables -P OUTPUT DROP

- -X : Supprime une chaîne utilisateur. S'il n'y a aucun paramètre, toutes les chaînes utilisateurs sont supprimées. L'élimination d'une chaîne prédéfinie d'une table n'est pas permise.

iptables -X MyChaine : pour supprimer la chaîne MyChaine créée précédemment.

- -Z : Remet à zéro les compteurs d'octets et de paquetages dans toutes les chaînes d'une table particulière.

    iptables   -t mangle -Z : initialiser les compteurs de la table mangle.

2.6 Les paramètres

Une fois que certaines commandes Iptables ont été spécifiées, y compris celles utiles à l'ajout, l'élimination, l'insertion ou le remplacement de règles à l'intérieur d'une chaîne donnée, il est nécessaire d'ajouter d'autres paramètres pour la construction d'une règle de filtrage de paquetages.

- -j : Défini l'action à prendre si un paquet répond aux critères de cette règle. Les principales valeurs sont : ACCEPT, DROP, REJECT, LOG, par exemple :

    iptables -A OUPUT -j DROP : supprime tous les paquets sortant des processus locaux.

- -i : Règle l'interface réseau d'entrée, telle que eth0, lo ou ppp0, Si le paramètre -i est utilisé sans qu'aucune interface ne soit spécifiée, alors toutes les interfaces se voient concernées par la règle.

    iptables -A INPUT -i eth0 -j ACCEPT : Accepter les paquets arrivant aux programmes et venant de l'interface réseau eth0.

- -o : Critère sur l'interface réseau d'où les paquets vont sortir.

    iptables -A OUTPUT -o ppp0 - j DROP : Supprimer les paquets créés par les programmes et sortant sur Internet.

- -d : Critère sur l'adresse IP de destination du paquet, il existe deux méthodes pour définir les masques de réseau, telles que `192.168.0.0/255.255.255.0` ou `192.168.0.0/24`. Pour interdire les paquets sortant de l'espace utilisateur, à destination du réseau on fait :

    iptables -A OUTPUT -d 192.168.0.0/24 -j DROP

- -s : Définit la source d'un paquetage particulier en utilisant la même syntaxe que pour le paramètre de destination (-d). Pour travailler sur le routage des paquets du réseau interne :

    iptables -t nat -A PREROUTING -i 192.168.0.0/24 ...

- -p : le protocole utilisé dans le paquet, qui peut être icmp, tcp, udp ou all, pour comparer tous les protocoles possibles. De plus, les protocoles les moins courants indiqués dans /etc/protocols peuvent également être employés. Si l'option est omise lors de la création de la règle, l'option all est considérée comme étant la valeur par défaut.

  iptables -A INPUT -p udp -j ACCEPT : Accepter tous les paquets de type UDP.

- --sport : Critère sur le port source des paquets, par exemple pour interdire les paquets vient du port http (80) :

  iptables -A INPUT --sport 80 -j DROP

- --dport : Critère sur le port de destination des paquets, par exemple pour accepter les paquets à destination FTP (21) seulement :

  iptables -A OUPUT --dport ! 21 -j DROP

- -m : Pour utiliser un module particulier, par exemple

  iptables -m state ... : Pour utiliser le module de suivi de connexion (voir la partie suivante).

2.7 Suivi de connexion

Le suivi de connexion (Conntrack) est un concept essentiel dans Netfilter. C'est une sorte d'intelligence artificielle qui permet d'établir des liens de cause à effet entre les paquets qui passent dans la pile. Le principe du suivi de connexion permet de réaliser un « firewall statefull », en mettant en place un système capable de mémoriser ce qu'il se passe sur la couche TCP, alors il va devenir possible de savoir si une connexion est dans l'un de ces états :

- NEW : Une nouvelle connexion, elle contient le flag SYN.
- ESTABLISHED : Une connexion déjà établie, elle ne devrait pas contenir de flag SYN ni FIN
- RELATED : Cette connexion présente une relation directe avec une connexion déjà établie.
- INVALID : la connexion n'est pas conforme, contient un jeu de flags anormal, n'est pas classable dans l'une des trois catégories précédentes.

Exemple :

Dans le cas on veut acceptées toutes les connexions qui sortent du LAN vers le Net :

iptables -A FORWARD -i eth0 -o ppp0 -m state --state NEW,ESTABLISHED,RELATED -j ACCEPT
ou bien :
iptables -A FORWARD -i eth0 -o ppp0 -m state –state ! INVALID -j ACCEPT

CONCLUSION

Lors de ce chapitre, on a exploré les différentes spécificités du firewall Netfilter. Malgré son efficacité qui n'est pas à prouver on a remarqué que sa manipulation est plus au moins compliquée vue que l'écriture des règles doit se faire manuellement au niveau du terminal. Ce qui nécessite une bonne connaissance du système et du firewall pour parvenir à écrire rigoureusement l'ensemble de des règles de ce dernier.

Dans le chapitre suivant, nous avons cherché à rendre cette mission moins pénible, pourquoi pas très facile. Plus précisément, nous avons développé une application java permettant de rendre plus conviviale la gestion du firewall Netfilter/Iptables.

Chapitre5 : Réalisation d'une version conviviale de Netfilter/Iptables

Il est certain que l'écriture sur un terminal au niveau d'une machine Linux n'est pas une tâche aussi facile à faire surtout que lorsque l'utilisateur dispose de capacités modestes concernant ce système d'exploitation, en particulier lorsqu'il s'agit de configurer le firewall Netfilter qui y existe par défaut. En effet notre application tend à pouvoir écrire une ou plusieurs règles du firewall Netfilter au sein d'une interface graphique et que ces règles soient effectivement exécutées comme si elles sont écrites au niveau du terminal. Donc, en utilisant cette interface graphique, une connaissance profonde des normes, avec lesquelles les règles iptables seraient écrites, ne serait pas exigée car l'utilisateur n'a que faire entrer les données au niveau desquelles il veut faire des changements tel qu'un numéro de port ou bien une adresse IP, etc. Par la suite, il suffit une validation de la saisie, et la règle voulue serait écrite, affichée, interprétée par le script shell et même exécutée.

1. Exigences fonctionnelles et modélisation structurelle du système

La spécification des besoins se compose en fait en deux catégories. En effet, ces besoins englobent d'une part les objectifs souhaités de l'application, et c'est ce qu'on nomme « les besoins fonctionnels », d'autre part, tous ce dont on aura besoins comme outils et techniques, et c'est ce qu'on appelle « les besoins non fonctionnels ».

L'objectif principal de notre application est de rendre facile la manipulation d'iptables. En effet, les critères suivants doivent être satisfaits :

- L'application doit être indépendante du type du réseau c'est-à-dire exécutable dans les différents environnements et avec les différentes lignes.
- L'application doit permettre d'avoir une information sur l'état de réseau à n'importe quel moment.
- L'application doit être simple et facile pour être utiliser par n'importe qu'elle utilisateur
- L'application doit permettre d'ajouter, supprimer ou modifier les règles d'iptables facilement.
- L'application doit permettre d'interpréter et d'exécuter l'ensemble des règles définies.
- L'application doit permettre d'avoir sous les yeux l'état instantané du firewall c'est-à-dire afficher la liste des règles courantes (voir quand il y'a des règles qui s'ajoutent et se suppriment, etc.).

Dans ce qui suit, nous utilisons la norme UML est une notation pour décrire les exigences fonctionnelles du système.

La norme UML est une notation commune qui peut être appliquée à différents types de projets logiciels mettant en œuvre des méthodologies très différentes. Selon les types de projets, des variations apparaissent dans l'utilisation des extensions UML.

1.1 Diagramme de cas d'utilisation

Le diagramme de cas d'utilisation représente la structure des grandes fonctionnalités nécessaires aux utilisateurs du système. C'est le premier diagramme du modèle UML, celui qui modélise la relation entre l'utilisateur et les objets que le système met en œuvre.

La figure ci-dessous présente le diagramme de cas d'utilisation global qui contient les principales tâches de chaque acteur (entité externe qui agit sur le système).

Pour le cas de notre travail, le diagramme de cas d'utilisation est le même que ce soit pour l'application locale ou l'application accessible à distance.

Il y'a trois acteurs qui interagissent avec notre application :

- L'administrateur.
- Le script shell.
- Le système d'exploitation.

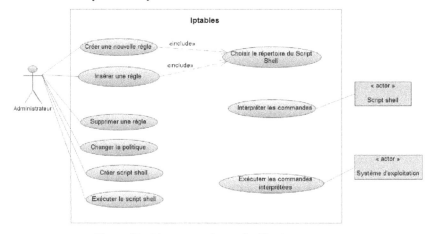

Figure 27 : Diagramme de cas d'utilisation (use case)

1.2 Diagrammes de classes :

Le diagramme de classes est généralement considéré comme le plus important dans un développement orienté objet. Il représente l'architecture conceptuelle du système. Il décrit les classes que le système utilise, ainsi que leurs liens.

Voici les diagrammes de classes faits pour chacune des deux solutions proposées :

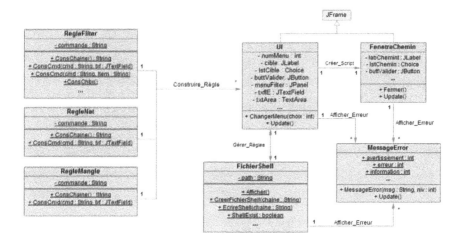

Figure 28 : Diagramme de classes pour l'application locale

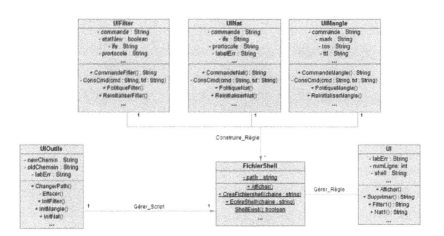

Figure 29 : Diagramme de classes pour l'application à distance

1.3 Diagrammes de paquetages

Un paquetage étant un conteneur logique permettant de regrouper et d'organiser les éléments dans le modèle UML.

Le diagramme de paquetage sert à représenter les dépendances entres paquetages, c'est-à-dire, les dépendances entre ensembles de définitions.

Les paquetages de ces diagrammes sont structurés comme suit :

- Paquetage Eniso.pfe.Iptables.Presentation : composé de classes suivantes {UI, MessageError}
- Paquetage Eniso.pfe.Iptables.Regles : composé de classes suivantes {RegleFilter, RegleMangle, RegleNat}
- Paquetage Eniso.pfe.Iptables.ScriptShell : composé de classes suivantes {FenetreChemin, FichierShell}
- Paquetage Eniso.pfe.Iptables.Run : composé de classes suivantes {Menu}

Voici les diagrammes de paquetages faits pour chacune des deux solutions :

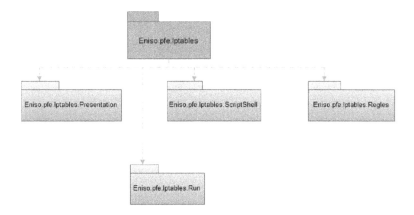

Figure 30 : Diagramme de paquetages pour l'application locale

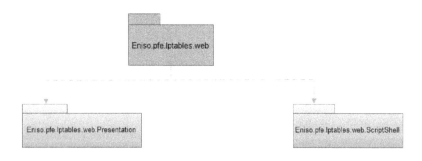

Figure 31 : Diagramme de paquetages pour l'application à distance

2. Modélisation comportementale

2.1 Diagrammes de séquences

Le diagramme de séquences permet de représenter des collaborations entre objets selon un point de vue temporel et peut servir à illustrer un cas d'utilisation.

De même que pour le diagramme de cas d'utilisation déjà présenté, le diagramme de séquences est commun entre les deux interfaces graphiques (simple et web).

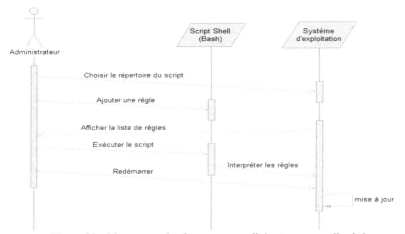

Figure 32 : Diagramme de séquences pour l'ajout une nouvelle règle

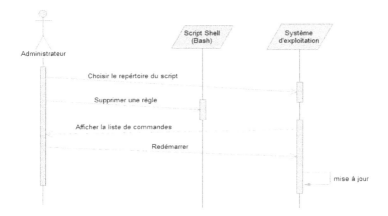

Figure 26 : Diagramme de séquences pour la suppression d'une règle

3. Implémentation

3.1 Outils utilisés

Au niveau de cette application, nous avons utilisé les matériels et les logiciels suivants :

- Une machine HP équipée d'un système d'exploitation Linux OpenSUSE 11.2.
- Netbeans comme environnement de développement intégré pour java et J2EE.
- Bash (Bourne-again Shell) comme script Shell (interpréteur de commandes sous Linux).
- Edraw Max pour la réalisation des images illustratives et pour la conception UML.
- GlassFish comme serveur d'application.
- JSF (Java Server Page) comme framework java pour le développement de l'application web.

3.2 Préparation du Script du pare-feu

Le Shell c'est le programme que tout utilisateur d'Unix utilise, c'est celui qui prend les commandes de l'utilisateur et les passe (généralement) au système d'exploitation pour être exécutées.

Un script c'est un programme qui peut être exécute par le Shell lui-même, qui contient donc des commandes Shell.

Ils existent plusieurs types du Shell comme sh, bash, ksh, csh...etc

On a choisi Le bash (Bourne Again Shell) qui est le shell par défaut de la plupart des distributions Linux, le bash est une amélioration de sh (l'ancêtre de tous les shells).

Notre Script pare-feu contient des commandes initiales qui sont protégées contre la suppression :

➢ `#!/bin/bash` : C'est la première ligne du notre Script pare-feu. Cette ligne permet de s'assurer que le script est bien exécuté avec le bon shell :
  - Le #! est appelé le sha-bang.
  - /bin/bash pour indiquer que le Script est coder pour.

➢ `echo "1" > /proc/sys/net/ipv4/ip_forward` : pour activer l'IP Forwrding

Charger le module suivi de connexion du FTP :

➢ `modprobe ip_nat_ftp`
➢ `modprobe ip_conntrack_ftp`

Le chemin du Script Pare-feu :

L'administrateur peut toujours choisir ou modifier le répertoire de son Script pare-feu, mais pour que les règles enregistrées dans le Script soient exécutées puis appliquées par Iptables les étapes suivantes doivent être faites :

➢ Choisir un répertoire pour y mettre le fichier Script mais quelque soit le répertoire choisi, il est exigé que le contenu du script soit copié au niveau du répertoire suivant : /etc/init.d/.
Par exemple, pour le Script_iptables le répertoire sera le suivant: /etc/init.d/Script_iptables.
➢ Activer le Script en exécutant la commande suivante :

```
/sbin/insserv   /etc/init.d/Script_iptables
```

➢ Créer un lien vers /sbin :

```
ln - s   /etc/init.d/myScriptPFE  /sbin/rcScript_iptables
```

Finalement notre Script pare-feu est prêt d'être exécuté, redémarré...etc comme suit : rcScript_iptables {start | stop | status | reload | force-reload | try-restart | restart}.

3.3 Gestion graphique du firewall

Dans cette partie on s'intéresse à représenter les deux interfaces qu'on a réalisé pour Iptables :

1. L'application locale

Le premier pas est de choisir le répertoire pour le fichier Script dont on a parlé précédemment :

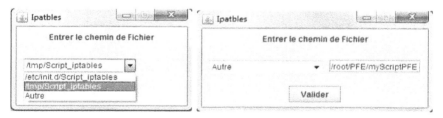

Exemple d'utilisation :

➢ Initialiser tous les tables :

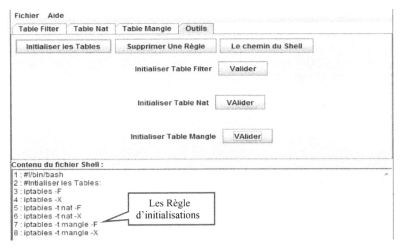

➢ Politique par défaut Filtre :

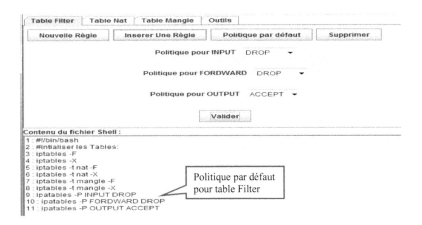

➢ Créer une nouvelle règle de table Filter :

Table Filter | Table Nat | Table Mangle | Outils

Nouvelle Règle | Inserer Une Règle | Politique par défaut | Supprimer

Chaîne : INPUT ▾ Protocoles : TCP ▾ [ ] Correpondance ▾

Interface Entrée : eth1 Interface Sortie : [ ]

IP Source : [ ] IP Destination : [ ]

Port Source : [ ] Port Destination : 80

Etat de Connexion ☑ NEW ☑ ESTABLISHED ☐ RELATED ☐ INVALID

Cible : ACCEPT ▾

Valider Réinitialiser

Contenu du fichier Shell :
```
1 : #!/bin/bash
2 : #Intialiser les Tables
3 : iptables -F
4 : iptables -X
5 : iptables -t nat -F
6 : iptables -t nat -X
7 : iptables -t mangle -F
8 : iptables -t mangle -X
9 : ipatables -P INPUT DROP
10 : ipatables -P FORDWARD DROP
11 : ipatables -P OUTPUT ACCEPT
12 : iptables -A INPUT -i eth1 -p TCP --dport 80 -m state --st    TABLISHED -j ACCEPT
```

> Accepter les nouvelles connexions internet avec les connexions déjà établies

---

Table Filter | Table Nat | Table Mangle | Outils

Nouvelle Règle | Inserer Une Règle | Politique par défaut | Supprimer

Chaîne : INPUT ▾ Protocoles : UDP ▾ [ ]

Interface Entrée : [ ] Interface Sortie : [ ]

IP Source : [ ] IP Destination : 192.168.0.0

Port Source : [ ] Port Destination : [ ]

Etat de Connexion ☐ NEW ☐ ESTABLISHED ☐ RELATED ☐ INVALID

Cible : REJECT ▾ Type de Rejet icmp-net-prohibited ▾

Valider Réinitialiser

Contenu du fichier Shell :
```
1 : #!/bin/bash
2 : #Intialiser les Tables:
3 : iptables -F
4 : iptables -X
5 : iptables -t nat -F
6 : iptables -t nat -X
7 : iptables -t mangle -F
8 : iptables -t mangle -X
9 : ipatables -P INPUT DROP
10 : ipatables -P FORDWARD DROP
11 : ipatables -P OUTPUT ACCEPT
12 : iptables -A INPUT -i eth1 -p TCP --dport 80 -m stat  --state NEW,ESTABLISHED -j ACCEPT
13 : iptables -A INPUT -d 192.168.0.0 -p UDP -j REJECT --reject-with icmp-net-prohibited
```

> Rejeter tous les paquets UDP avec IP destination 192.168.0.0 avec le type de rejet icmp-net-prohibited

Table Filter	Table Nat	Table Mangle	Outils

Nouvelle Règle	Inserer Une Règle	Politique par défaut	Supprimer Une Règle

Chaîne : PREROUTING ▼   Protocoles : TCP ▼ [   ]

Interface Entrée : [   ]   Interface Sortie : [   ]

IP Source : [   ]   IP Destination : [192.168.0.100]

Port Source : [   ]   Port Destination : [   ]   Nouvel Port [   ]

Nouvelle IP Destination [160.23.1.1]   Nouvelle IP Source [   ]

Cible : DNAT ▼

Valider	Réinitialiser

Traduction de l'IP 192.168.0.100 vers 160.23.1.1

Contenu du fichier Shell :
1 : #!/bin/bash
2 : #Intialiser les Tables:
3 : iptables -t nat -A PREROUTING -d 192.168.0.100 -p TCP -j DNAT --to-destin... 160.23.1.1

Table Filter	Table Nat	Table Mangle	Outils

Nouvelle Règle	Inserer Une Règle	Politique par défaut	Supprimer Une Règle

Chaîne : INPUT ▼   Protocoles : TCP ▼ [   ]   Correpondance ▼

Interface Entrée : [   ]   Interface Sortie : [   ]

IP Source : [   ]   IP Destination : [   ]

Port Source : [   ]   Port Destination : [   ]

Valeur MARK : [   ]   Valeur TOS : 0x10 ▼ [   ]

Valeur TTL : [   ]   Incrémenter TTL : [   ]   Décrémenter TTL : [   ]

Cible : TOS ▼

Valider	Réinitialiser

Changer la valeur TOS des paquets TCP entrants en 0X10

Contenu du fichier Shell :
1 : #!/bin/bash
2 : #Intialiser les Tables:
3 : iptables -t nat -A PREROUTING -d 192.168.0.100 -p TCP -j DNAT --to-destination 160.23.1.1
4 : iptables -t mangle -A INPUT -p TCP -j TOS --set-tos 0x10

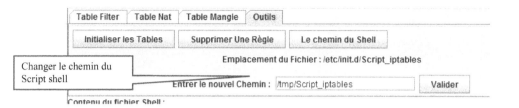

Changer le chemin du Script shell

2. L'application à distance

➢ Choisir le répertoire du Script Shell :

Exemples d'utilisation :

➢ Initialiser les tables :

➢ Politique par défaut de table Filter :

Filter   Nat   Mangle   Outils

| Nouvelle Règle | Inserer une Règle | Politique par défaut | Supprimer une Règle |

Politique pour INPUT : DROP ▼

Politique pour FORWARD : DROP ▼

Politique pour OUTPUT : ACCEPT ▼

Valider

Contenue du Fichier Shell

1 : #!/bin/bash 2 : #Intialiser les Tables 3 : iptables -F 4 : iptables -X 5 : iptables -t nat -F 6 : iptables -t nat -X 7 : iptables -t mangle -F 8 : iptables -t mangle -X 9 : ipatables -P INPUT DROP 10 : iptables -P FORDWARD DROP 11 : ipatables -P OUTPUT ACCEPT

➢ Changer le chemin de Script Shell :

Filter   Nat   Mangle   Outils

| Initialiser les Tables | Suprimmer une Règle | Modifier le chemin |

Emplacement du fichier : /etc/init.d/Script_iptables

Veuiller remplir le champ

Entrer le nouvel chemin : [   ]   Valider   Initialiser

CONCLUSION GENERALE

Face à la complexité accrue des réseaux informatiques et la distribution des ressources des entreprises, la sécurité est donc devenue une des dimensions essentielles de la stratégie de l'entreprise et elle doit être prise en compte dès la conception du système d'information.

Dans ce projet, nous avons amélioré l'exploitation d'une solution de sécurité s'appuyant sur Linux et adoptée par la société AGIL. Notre travail a consisté à développer une version conviviale de la solution Netfilter/Iptables déjà dans ladite société.

Notre démarche pour effectuer notre travail a commencer par l'étude des différents types d'attaques les plus répandues ainsi que les différentes techniques de sécurité disponibles de protection réseau. Par la suite, on a choisi de traiter le firewall Netfilter comme étant un module de filtrage réseau et qui se configure au moyen d'une commande appelé iptables suivie de certaines de ses options qui définissent le type de paquetages à filtrer, l'origine ou la destination et le sort de ces paquetages.

Enfin, on peut dire que ce projet de fin d'étude nous a permis d'acquérir une bonne expérience théorique et pratique.

De point de vue technique, ce projet nous a donné la possibilité de surmonter les difficultés pratiques que relève la sécurité au niveau du système d'exploitation Linux. La résolution de ses difficultés a été facilitée par une bonne connaissance théorique et une bonne documentation.

Comme perspectives à notre travail, nous pensons que la même démarche pourrait être adoptée pour d'autres mécanismes de sécurité dont la convivialité est un handicap.

Bibliographie

[1] : **David Burgermeister, Jonathan Krier**. « Les systèmes de détection d'intrusion ». 22/07/2006

[2] : **Boniver Christophe, Herbiet Laurence, Joseph Benoit, Seronveaux Xavier**. « Séminaire de détection des intrusions Le déni de service (DoS) ».

[3] : **Olivier GLÜCK.** « Partie 7 : Internet et l'architecture TCP/IP ».

[4] : Extrait de : « http://www.commentcamarche.net/contents/attaques/attaque-smurf.php3 »

[5] : **Leila Fatmasari Rahman, Rui Zhou.** « Ip Address Spoofing »

[6] : Extrait de : « http://www.commentcamarche.net/contents/detection/ids.php3 »

[7] : **Michel Riguidel.** « Sécurité informatique et réseaux ». février 2006.

[8] : **Guy Pvjolle, Olivier Salvatari, Jaques Nozick.** « Les réseaux ». 2008

[9] : **Silvain CAICOYA, Jean-George SAURY.** «TCP/IP des services réseaux». février 2006.

[10] : RFC 791 « http://www.ietf.org/rfc/rfc791.txt »

[11] : RFC 792 « http://www.ietf.org/rfc/rfc792.txt »

[12] : RFC 793 «http://www.ietf.org/rfc/rfc793.txt »

[13] : RFC 768 « http://www.ietf.org/rfc/rfc768.txt »

[14] : Extrait de : « http://irp.nain-t.net/doku.php/130netfilter:010_architecture »

[15] : Stéphane Salès. « Iptables ». 07/04/2003

[16] : **Oskar Andreasson.** « Didacticiel sur Iptables, version 1.2.0 ». 25/04/08

www.ingramcontent.com/pod-product-compliance
Lightning Source LLC
LaVergne TN
LVHW042347060326
832902LV00006B/431